”مَعْرِفَۃُ الْقُرْاٰن عَلٰی کَنْزِ الْعِرْفَان“ سے متعلق کچھ ضروری باتیں

مَعْرِفَۃُ الْقُرْاٰن دورِ جدید کے تقاضوں کے عین مطابق قرآنِ مجید کا آسان اور منفرد لفظی ترجمہ ہے، یہاں اس سے متعلق چند فنی باتیں اور اس کی خصوصیات ملاحظہ ہوں،

1 قرآنِ مجید کا متن P.D.F فارمیٹ میں موجود مکتبۃ المدینہ کے مطبوعہ نسخے سے پیسٹ کیا گیا اور پیسٹنگ کے بعد دو مرتبہ اصل نسخے سے باریک بینی کے ساتھ تقابل کیا گیا ہے تاکہ حتَّی المقدور متن میں غلطی کا امکان نہ رہے۔ نیز ایک لائن میں اتنا متن پیسٹ کیا گیا ہے جتنے نیچے اجزاء مذکور ہیں اور لائن کے شروع اور آخر سے فاصلہ ختم کرنے کے لئے کمپیوٹر سافٹ ویئر کے ذریعے متنِ قرآن کے ٹیکسٹ کو مناسب حد تک پھیلا کر لائن کا شروع اور آخر برابر کیا گیا ہے۔

2 مختلف خانے بنا کر ان میں آیات کے اجزاء لکھے گئے اور ان کے رَسمُ الْخَط کو حتَّی الامکان متنِ قرآن کے رَسمُ الْخَط کے مطابق رکھنے کے لئے **”اَلْمُصْحَف“** فاؤنٹ استعمال کیا گیا ہے۔

3 قرآنِ مجید کا اصل رَسمُ الْخَط برقرار رکھنے کے لئے اجزاء میں تقسیم کے دوران الفاظ کے ساتھ متصل حروف اور ضمائر وغیرہ کو جدا لکھنے کی بجائے ایک ساتھ لکھا ہے اور مختلف رنگوں کے ذریعے انہیں اور ان کا ترجمہ ممتاز کر دیا ہے، جیسے ”مِمَّا“ میں ”مِنْ“ اور ”مَا“ کو اور ”اَنْفُسَهُمْ“ میں ”اَنْفُس“ اور ”هُمْ“ کو الگ الگ لکھنے کی بجائے ایک ساتھ لکھا اور رنگوں کے ذریعے ان الفاظ اور ان کے ترجمے میں امتیاز کر دیا ہے۔

4 بعض مقامات پر معنیٰ سمجھنے میں آسانی کے پیشِ نظر غیر متصل حروف و الفاظ اور اضافت سے خالی الفاظ کو بھی ایک ہی خانے میں لکھا گیا اور رنگوں کے ذریعے ان کے معانی میں امتیاز کیا گیا ہے۔ جیسے ”فِی الْاَرْضِ“ کو ایک ہی خانے میں لکھا ہے۔

5 صیغہ خواہ منفی ہو جیسے ”لَمْ تُنْذِرْ“ اور ”لَا یَعْلَمُوْنَ“ اور ”لَنْ تَفْعَلُوْا“ یا دوسرا جیسے ”كُنْتُمْ تَكْتُمُوْنَ“ مکمل صیغہ ایک ہی خانے میں لکھا ہے اسی طرح بعض مقامات پر پورا جملہ جیسے ”فَتَابَ عَلَیْهِ“ بھی ایک ہی خانے میں لکھا ہے تاکہ آیت کا اصل مرادی ترجمہ لکھنے میں آسانی رہے۔

6 ترجمے میں سلاست (روانی) کو برقرار رکھنے اور عربی الفاظ کے مفہوم کو مزید واضح کرنے کے لئے اضافت والے الفاظ جیسے ”كَلٰمَ اللّٰهِ“ کو ایک ہی خانے میں لکھا گیا اور رنگوں کے ذریعے ان کے ترجمے کی نشاندہی کر دی گئی ہے۔

7 حروف و الفاظ کا اصل وضع کے اعتبار سے جو ترجمہ بنتا ہے اسے لکھنے کا التزام کیا گیا اور ان کا مرادی اور مفہومی ترجمہ بریکٹ میں لکھ دیا ہے جیسے ”وَاَنْتُمْ تَعْلَمُوْنَ“ میں مذکور ”وَ“ حالیہ ہے، اس کا ترجمہ یوں لکھا ہے ”اور

اشاعت: محرم الحرام ۱۴۴۷ھ، جولائی 2025ء تعداد: 3000 (تین ہزار)

(حالانکہ)" البتہ بعض مقامات پر لغوی ترجمہ لکھنے میں شرعی مسائل ہونے کی وجہ سے تاویلی ترجمہ لکھا ہے اور حتّٰی الامکان حاشیہ لگا کر ایسے مقامات کی وضاحت کر دی ہے۔

8 جن حروفِ زائدہ کا باقاعدہ کوئی ترجمہ نہیں بنتا انہیں کوئی رنگ کئے بغیر اسی طرح برقرار رکھا ہے جیسے "بِمُؤْمِنِیْنَ" میں حرف "ب" اور "مُؤْمِنِیْنَ" کو ایک ہی رنگ میں لکھا ہے۔

9 لفظی ترجمے کے ساتھ ایک بامحاورہ ترجمے کا بھی اضافہ کیا گیا ہے اور یہ ترجمہ تفسیر "صِرَاطُ الْجِنَان فِی تَفْسِیْرِ الْقُرْاٰن" میں چھپا ہوا "کَنْزُ الْعِرْفَان فِی تَرْجَمَۃِ الْقُرْاٰن" لکھا گیا ہے۔

10 سمجھنے میں آسانی کے لئے موقع محل کی مناسبت سے بریکٹوں میں الفاظ کا اضافہ کیا گیا اور ان کا رنگ سیاہ رکھا گیا ہے۔ نیز اجزاء میں جہاں آیت ختم ہوئی یونہی بامحاورہ ترجمے میں جہاں ایک آیت کا ترجمہ ختم ہوا وہاں اختتامیہ نشان ○ بھی ڈال دیا ہے۔

11 قرآن پاک میں بعض اوقات ایک آیت میں مختلف چیزیں بیان ہوتی ہیں اور بعض اوقات دو تین آیات کے بعد نئی بات شروع ہو جاتی ہے، فہمِ قرآن یعنی قرآن سمجھنے میں آسانی کیلئے ہم نے ہر ایسی جگہ پر نیا عنوان لگا دیا ہے جس کا فائدہ یہ ہے کہ اس نئے عنوان کو پڑھنے کے بعد وہاں سے شروع ہونے والی آیات کو بڑی آسانی سے سمجھا جاسکے گا کیونکہ پہلے سے معلوم ہو جائے گا کہ اب اس مضمون کی آیات آ رہی ہیں۔

12 عنوانات صفحے کی سائیڈ میں لکھے ہیں اور جن آیات میں وہ عنوان بیان ہوا ہے انہیں اور ان کے بامحاورہ ترجمے کو مختلف رنگوں کے ذریعے ممتاز کیا ہے تاکہ قاری بآسانی سمجھ سکے کہ اس عنوان کا مضمون کہاں سے کہاں تک ہے، نیز موقع کی مناسبت سے تفسیر صراط الجنان اور دیگر معتبر تفاسیر سے مختصر اور جامع حواشی بھی لگائے گئے ہیں۔

13 حروف و الفاظ کے معنیٰ متعین کرنے کے لئے چار رنگوں کا استعمال کیا گیا ہے، سبز، سرخ، نیلا اور جامنی۔ پہلے تین رنگ مختلف حروف و الفاظ کے لئے استعمال کئے گئے ہیں اور جامنی رنگ بطورِ خاص لفظی ترجمے میں آنے والے اضافی الفاظ کے لئے استعمال کیا گیا ہے تاکہ قاری آسانی کے ساتھ یہ سمجھ سکے کہ جامنی رنگ والے الفاظ کسی خاص لفظ کا ترجمہ نہیں ہیں۔ جیسے "بِهٰذَا مَثَلًا" اور اس کا ترجمہ "اس مثال کے ساتھ"

اللہ تعالیٰ اس کوشش کو اپنی بارگاہ میں قبول فرمائے اور اسے میری، میرے اہلِ خانہ، رشتہ داروں، دوست احباب اور دیگر متعلقین کی نجات کا ذریعہ بنائے اور جن جن احباب نے اس کام کے سلسلے میں تعاون کیا ان کی کوششوں کو بھی قبول و منظور فرمائے اور سب کی بے حساب مغفرت فرمائے۔

اَبُو الصَّالِح مُحَمَّد قَاسِم قَادِرِی

تِلْكَ الرُّسُلُ فَضَّلْنَا بَعْضَهُمْ عَلٰى بَعْضٍ ۘ

تِلْكَ	الرُّسُلُ (1)	فَضَّلْنَا (2)	بَعْضَهُمْ	عَلٰى	بَعْضٍ
یہ	رسول (ہیں)	ہم نے فضیلت دی	ان میں بعض (کو)	پر	بعض

یہ رسول ہیں ہم نے ان میں ایک کو دوسرے پر فضیلت عطا فرمائی،

مِنْهُمْ مَّنْ كَلَّمَ اللّٰهُ وَرَفَعَ بَعْضَهُمْ

مِنْهُمْ	مَّنْ	كَلَّمَ	اللّٰهُ	وَ	رَفَعَ	بَعْضَهُمْ
ان (رسولوں) میں سے	کسی سے	کلام فرمایا	اللہ (نے)	اور	بلندی عطا کی	ان میں سے بعض (کو)

ان میں کسی سے اللہ نے کلام فرمایا اور کوئی وہ ہے جسے سب پر

دَرَجٰتٍ ؕ وَاٰتَيْنَا عِيْسَى ابْنَ مَرْيَمَ الْبَيِّنٰتِ وَاَيَّدْنٰهُ

دَرَجٰتٍ	وَ	اٰتَيْنَا	عِيْسَى ابْنَ مَرْيَمَ	الْبَيِّنٰتِ	وَ	اَيَّدْنٰهُ
درجوں	اور	ہم نے دیں	مریم کے بیٹے عیسیٰ (کو)	روشن نشانیاں	اور	ہم نے مدد کی اس کی

درجوں بلندی عطا فرمائی اور ہم نے مریم کے بیٹے عیسیٰ کو کھلی نشانیاں دیں اور پاکیزہ روح سے

بِرُوْحِ الْقُدُسِ ؕ وَلَوْ شَآءَ اللّٰهُ مَا اقْتَتَلَ الَّذِيْنَ مِنْۢ

بِرُوْحِ الْقُدُسِ	وَ	لَوْ	شَآءَ	اللّٰهُ	مَا اقْتَتَلَ	الَّذِيْنَ	مِنْ
پاکیزہ روح (جبریل) سے	اور	اگر	چاہتا	اللہ	آپس میں نہ لڑتے	وہ لوگ جو	سے

اس کی مدد کی اور اگر اللہ چاہتا تو ان کے بعد والے آپس میں نہ لڑتے

بَعْدِهِمْ مِّنْۢ بَعْدِ مَا جَآءَتْهُمُ الْبَيِّنٰتُ

بَعْدِهِمْ	مِّنْ	بَعْدِ	مَا	جَآءَتْهُمُ	الْبَيِّنٰتُ
ان (رسولوں) کے بعد (آئے)	سے	بعد (اس کے)	جو	آگئیں ان (پیروکاروں) کے پاس	کھلی نشانیاں

جبکہ ان کے پاس کھلی نشانیاں آچکی تھیں

عنوان: انبیاء عَلَیْہِمُ الصَّلٰوۃُ وَالسَّلَام کی عظمت وشان اور تین انبیاء عَلَیْہِمُ الصَّلٰوۃُ وَالسَّلَام کے خصوصی فضائل

اللہ تعالیٰ جو چاہتا ہے کرتا ہے

(1) لفظ ''اَلرُّسُل'' رسول کی جمع ہے۔

(2) اصل نبوت یعنی نبی ہونے میں تو تمام انبیاء کرام عَلَیْہِمُ الصَّلٰوۃُ وَالسَّلَام برابر ہیں البتہ ان کے درجات میں فرق ہے، بعض بعض سے اعلیٰ ہیں اور ہمارے آقا صَلَّی اللّٰہُ تَعَالٰی عَلَیْہِ وَاٰلِہٖ وَسَلَّم سب سے اعلیٰ ہیں۔

وَلٰكِنِ اخْتَلَفُوْا فَمِنْهُمْ مَّنْ اٰمَنَ وَ

وَ	لٰكِنِ	اخْتَلَفُوْا	فَمِنْهُمْ	مَّنْ	اٰمَنَ	وَ
اور	لیکن	انہوں نے اختلاف کیا (آپس میں)	تو ان میں سے	کوئی	ایمان لایا (ایمان پر قائم رہا)	اور

لیکن انہوں نے آپس میں اختلاف کیا تو ان میں کوئی مومن رہا اور

مِنْهُمْ مَّنْ كَفَرَ ؕ وَلَوْ شَآءَ اللّٰهُ مَا اقْتَتَلُوْا ۟ وَ

مِنْهُمْ	مَّنْ	كَفَرَ	وَ	لَوْ	شَآءَ	اللّٰهُ	مَا اقْتَتَلُوْا	وَ
ان میں سے	کوئی	کافر ہو گیا	اور	اگر	چاہتا	اللہ	(تو) وہ آپس میں نہ لڑتے	اور

کوئی کافر ہو گیا اور اگر اللہ چاہتا تو وہ نہ لڑتے

لٰكِنَّ اللّٰهَ یَفْعَلُ مَا یُرِیْدُ ﴿۲۵۳﴾ یٰۤاَیُّهَا الَّذِیْنَ

لٰكِنَّ	اللّٰهَ	یَفْعَلُ	مَا	یُرِیْدُ ﴿۲۵۳﴾ (1)	یٰۤاَیُّهَا	الَّذِیْنَ
لیکن	اللہ	کرتا ہے	جو	وہ ارادہ کرتا ہے، وہ چاہتا ہے	اے	وہ لوگو جو

مگر اللہ جو چاہتا ہے کرتا ہے ○ اے ایمان والو!

اٰمَنُوْۤا اَنْفِقُوْا مِمَّا رَزَقْنٰكُمْ مِّنْ قَبْلِ اَنْ

اٰمَنُوْۤا	اَنْفِقُوْا	مِمَّا	رَزَقْنٰكُمْ	مِّنْ	قَبْلِ	اَنْ
ایمان لائے	خرچ کرو	(کچھ اس میں) سے جو	ہم نے رزق دیا تمہیں	سے	پہلے	کہ

ہمارے دیئے ہوئے رزق میں سے اللہ کی راہ میں اس دن کے آنے سے پہلے

یَّاْتِیَ یَوْمٌ لَّا بَیْعٌ فِیْهِ وَلَا خُلَّةٌ وَّلَا

یَّاْتِیَ	یَوْمٌ (2)	لَّا	بَیْعٌ	فِیْهِ	وَ	لَا	خُلَّةٌ	وَّ	لَا
آجائے	دن	نہیں	کوئی خرید و فروخت	اس میں	اور	نہ	دوستی	اور	نہ

خرچ کر لو جس میں نہ کوئی خرید و فروخت ہو گی اور نہ کافروں کے لئے دوستی اور نہ

عنوان: راہِ خدا میں مال خرچ کر کے آخرت کی تیاری کا حکم

(1)...... اللہ تعالیٰ جو چاہتا ہے کرتا ہے، اس کے ملک میں اس کے ارادے کے خلاف کوئی کچھ نہیں کر سکتا اور یہی خدا کی شان ہے۔ ہمیں یہ حکم ہے کہ اللہ تعالیٰ کے حکم پر سرِ تسلیم خم کریں اور جو اس نے فرمایا ہے اس کے مطابق عمل کریں۔ (2)...... قیامت کے دن وہی مال کام آئے گا جسے دنیا میں نیک کاموں میں خرچ کیا ہو گا اور یونہی صرف نیک دوست کام آئیں گے، اور شفاعت بھی اللہ تعالیٰ کی اجازت سے ہو گی اور وہ بھی صرف مسلمانوں کیلئے۔

شَفَاعَةٌ ؕ وَالْكٰفِرُوْنَ هُمُ الظّٰلِمُوْنَ ﴿۲۵۴﴾ اَللّٰهُ لَآ

شَفَاعَةٌ	وَ	الْكٰفِرُوْنَ	هُمُ	الظّٰلِمُوْنَ ﴿۲۵۴﴾ (1)	اَللّٰهُ	لَآ
شفاعت، سفارش	اور	کفر کرنے والے	وہ (وہی)	ظلم کرنے والے (ہیں)	اللہ	نہیں

شفاعت ہوگی اور کافر ہی ظالم ہیں ○ اللہ وہ ہے

اِلٰهَ اِلَّا هُوَ ۚ اَلْحَیُّ الْقَیُّوْمُ ۚ۬ لَا تَاْخُذُهٗ سِنَةٌ وَّ

اِلٰهَ	اِلَّا	هُوَ (2)	اَلْحَیُّ	الْقَیُّوْمُ	لَا تَاْخُذُهٗ	سِنَةٌ	وَّ
کوئی معبود	مگر	وہ	ہمیشہ زندہ	دوسروں کو قائم رکھنے والا	نہیں آتی اسے	اونگھ، غنودگی	اور

جس کے سوا کوئی معبود نہیں، وہ خود زندہ ہے، دوسروں کو قائم رکھنے والا ہے، اسے نہ اونگھ آتی ہے اور

لَا نَوْمٌ ؕ لَهٗ مَا فِی السَّمٰوٰتِ وَمَا فِی الْاَرْضِ ؕ

لَا	نَوْمٌ	لَهٗ	مَا	فِی السَّمٰوٰتِ	وَ	مَا	فِی الْاَرْضِ
نہ	نیند	اس کے لئے، اس کا (ہے)	جو کچھ	آسمانوں میں	اور	جو کچھ	زمین میں (ہے)

نہ نیند، جو کچھ آسمانوں میں ہے اور جو کچھ زمین میں سب اسی کا ہے۔

مَنْ ذَا الَّذِیْ یَشْفَعُ عِنْدَهٗۤ اِلَّا بِاِذْنِهٖ ؕ

مَنْ	ذَا	الَّذِیْ	یَشْفَعُ	عِنْدَهٗۤ	اِلَّا	بِاِذْنِهٖ
کون	وہ	جو	شفاعت کرے، سفارش کرے	اس کے پاس، ہاں	مگر	اس کی اجازت سے

کون ہے جو اس کے ہاں اس کی اجازت کے بغیر سفارش کرے؟

یَعْلَمُ مَا بَیْنَ اَیْدِیْهِمْ وَمَا خَلْفَهُمْ ۚ وَلَا یُحِیْطُوْنَ

یَعْلَمُ	مَا	بَیْنَ اَیْدِیْهِمْ	وَ	مَا	خَلْفَهُمْ	وَ	لَا یُحِیْطُوْنَ
وہ جانتا ہے	جو	ان کے آگے	اور	جو	ان کے پیچھے	اور	وہ نہیں گھیر سکتے (نہیں جان سکتے)

وہ جانتا ہے جو کچھ ان کے آگے ہے اور جو کچھ ان کے پیچھے ہے اور لوگ

عنوان: آیۃ الکرسی میں اِلٰہیّات کے اعلیٰ مسائل کا بیان

(1)...... ظلم کے معنی ہیں کسی چیز کو غلط جگہ استعمال کرنا۔ کافروں کا ایمان کی جگہ کفر اور طاعت کی جگہ معصیت اور شکر کی جگہ ناشکری کو اختیار کرنا ان کا ظلم ہے اور چونکہ یہاں ظلم کا سب سے بدتر درجہ مراد ہے اسی لئے فرمایا کہ کافر ہی ظالم ہیں۔ (2)...... یہ آیت ”آیۃ الکرسی“ کے نام سے مشہور ہے، اس میں ذاتِ باری تعالیٰ سے متعلق انتہائی اعلیٰ مسائل کا بیان ہے اور اس میں جتنا غور کرتے جائیں اللہ تعالیٰ کی عظمت اور اس کے بارے میں عقائد اتنا ہی واضح ہوتے جائیں گے۔

بِشَیْءٍ مِّنْ عِلْمِهٖۤ اِلَّا بِمَا شَآءَ ۚ وَسِعَ

بِشَیْءٍ	مِّنْ	عِلْمِهٖۤ	اِلَّا	بِمَا	شَآءَ	وَسِعَ
کسی چیز کو	سے	اس کے علم	مگر	ساتھ جو (جتنا)	وہ چاہے	وسعت میں لیا، سمالیا

اس کے علم میں سے اتنا ہی حاصل کر سکتے ہیں جتنا وہ چاہے، اس کی کرسی

كُرْسِیُّهُ السَّمٰوٰتِ وَالْاَرْضَ ۚ وَلَا یَـٔـُوْدُهٗ

كُرْسِیُّهُ	السَّمٰوٰتِ	وَ	الْاَرْضَ	وَ	لَا یَـٔـُوْدُهٗ
اس کی کرسی (نے)	آسمانوں	اور	زمین (کو)	اور	تھکاتی نہیں، بھاری نہیں اسے

آسمان اور زمین کو اپنی وسعت میں لئے ہوئے ہے اور ان کی حفاظت اسے

حِفْظُهُمَا ۚ وَهُوَ الْعَلِیُّ الْعَظِیْمُ ﴿۲۵۵﴾ لَاۤ اِكْرَاهَ

حِفْظُهُمَا	وَ	هُوَ	الْعَلِیُّ	الْعَظِیْمُ ﴿۲۵۵﴾	لَاۤ	اِكْرَاهَ
ان دونوں کی حفاظت	اور	وہ	بہت بلند، عالی شان	بڑی عظمت والا	نہیں	زبردستی کرنا، مجبور کرنا

تھکا نہیں سکتی اور وہی بلند شان والا، عظمت والا ہے ○ دین میں

فِی الدِّیْنِ ۙ۫ قَدْ تَّبَیَّنَ الرُّشْدُ مِنَ الْغَیِّ ۚ فَمَنْ

فِی الدِّیْنِ [1]	قَدْ	تَّبَیَّنَ	الرُّشْدُ	مِنَ	الْغَیِّ	فَمَنْ
دین میں	تحقیق، بیشک	خوب واضح ہوگئی	ہدایت	سے	گمراہی	توجو

کوئی زبردستی نہیں، بیشک ہدایت کی راہ گمراہی سے خوب جدا ہوگئی ہے توجو

یَّكْفُرْ بِالطَّاغُوْتِ وَیُؤْمِنْۢ بِاللّٰهِ فَقَدِ اسْتَمْسَكَ

یَّكْفُرْ	بِالطَّاغُوْتِ [2]	وَ	یُؤْمِنْ	بِاللّٰهِ	فَقَدِ	اسْتَمْسَكَ
انکار کرے	شیطان کا	اور	ایمان لائے	اللہ پر	تو تحقیق، بیشک	اس نے تھام لیا، پکڑ لیا

شیطان کو نہ مانے اور اللہ پر ایمان لائے اس نے

عنوان

دین منوانے میں کوئی زبردستی نہیں

قرآنِ مجید سے ہدایت اور گمراہی پوری طرح ظاہر ہو چکی

اسلام پر مضبوطی سے قائم رہنے کے لئے ہر سرکش و گمراہ سے بچنا ضروری ہے

1 ...... یاد رہے کہ کسی کافر کو جبراً مسلمان بنانا جائز نہیں مگر اسلام سے نکلنے سے مسلمان کو جبری روکا جائے گا کیونکہ اسلام لانے کے بعد کفر اختیار کرنا دینِ اسلام کی توہین اور دوسروں کیلئے بغاوت کا راستہ ہے جسے بند کرنا ضروری ہے۔ 2 ...... ہر سرکش اور گمراہ کو طاغوت کہا جاتا ہے۔ شیطان، کاہن، جادوگر اور بت وغیرہ سب پر ہی یہ لفظ بولا جاتا ہے۔ یہاں آیت میں طاغوت سے بچنے کا فرمایا گیا کیونکہ اسلام پر مضبوطی سے وہی قائم رہ سکتا ہے جو بے دینوں کی صحبت، ان کی الفت، ان کی کتابیں دیکھنے، ان کے وعظ سننے سے دور ہے اور جو اپنے ایمان کی رسی پر خود ہی چھریاں چلائے گا اس کی رسی کا کٹنے سے بچنا مشکل ہے۔

بِالْعُرْوَةِ الْوُثْقٰى ۗ لَا انْفِصَامَ لَهَا ؕ وَاللّٰهُ سَمِیْعٌ

بِالْعُرْوَةِ	الْوُثْقٰى	لَا	انْفِصَامَ	لَهَا	وَ	اللّٰهُ	سَمِیْعٌ
حلقے، کڑے کو	بہت مضبوط	نہیں	ٹوٹنا	اس کے لئے	اور	اللہ	سننے والا

بڑا مضبوط سہارا تھام لیا جس سہارے کو کبھی کھلنا نہیں اور اللہ سننے والا،

عَلِیْمٌ ﴿۲۵۶﴾ اَللّٰهُ وَلِیُّ الَّذِیْنَ اٰمَنُوْا ۙ یُخْرِجُهُمْ

عَلِیْمٌ ﴿۲۵۶﴾	اَللّٰهُ	وَلِیُّ	الَّذِیْنَ	اٰمَنُوْا	یُخْرِجُهُمْ
جاننے والا	اللہ	والی، مددگار (ہے)	ان لوگوں کا جو	ایمان لائے	وہ نکالتا ہے انہیں

جاننے والا ہے ○ اللہ مسلمانوں کا والی ہے انہیں

مِّنَ الظُّلُمٰتِ اِلَى النُّوْرِ ؕ وَالَّذِیْنَ كَفَرُوْۤا اَوْلِیٰٓـئُهُمُ

مِّنَ الظُّلُمٰتِ	اِلَى النُّوْرِ (1)	وَ	الَّذِیْنَ	كَفَرُوْۤا	اَوْلِیٰٓـئُهُمُ
اندھیروں سے	نور، روشنی کی طرف	اور	وہ لوگ جو (جنہوں نے)	کفر کیا	ان کے مددگار

اندھیروں سے نور کی طرف نکالتا ہے اور جو کافر ہیں ان کے حمایتی

الطَّاغُوْتُ ۙ یُخْرِجُوْنَهُمْ مِّنَ النُّوْرِ اِلَى الظُّلُمٰتِ ؕ اُولٰٓئِكَ

الطَّاغُوْتُ	یُخْرِجُوْنَهُمْ	مِّنَ	النُّوْرِ	اِلَى	الظُّلُمٰتِ	اُولٰٓئِكَ
شیطان (ہیں)	وہ نکالتے ہیں انہیں	سے	نور، روشنی	کی طرف	اندھیروں	یہ لوگ

شیطان ہیں وہ انہیں نور سے اندھیروں کی طرف نکالتے ہیں۔ یہی لوگ

اَصْحٰبُ النَّارِ ۚ هُمْ فِیْهَا خٰلِدُوْنَ ﴿۲۵۷﴾ ع اَلَمْ تَرَ اِلَى

اَصْحٰبُ النَّارِ	هُمْ	فِیْهَا	خٰلِدُوْنَ ﴿۲۵۷﴾	اَلَمْ تَرَ	اِلَى
آگ والے (ہیں)	وہ	اس (آگ) میں	ہمیشہ رہنے والے	کیا تم نے نہ دیکھا	(اس) کی طرف

دوزخ والے ہیں، یہ ہمیشہ اس میں رہیں گے ○ اے حبیب! کیا تم نے اس کو نہ دیکھا تھا

عنوان: مسلمانوں کا والی اللہ تعالیٰ ہے اور کافروں کے حمایتی شیاطین ہیں — حضرت ابراہیم عَلَیْهِ الصَّلٰوۃُ وَالسَّلَام کا نمرود بادشاہ سے مناظرہ

1 ...... ظلمات سے کفر اور نور سے ایمان مراد ہے اور کفر کی چونکہ سینکڑوں قسمیں ہیں جبکہ اسلام ایک ہی دین ہے، اس لئے یہاں "نور" کو واحد اور "ظلمات" کو جمع ذکر کیا گیا ہے۔

اَلَّذِیْ حَآجَّ اِبْرٰهٖمَ فِیْ رَبِّهٖۤ اَنْ اٰتٰىهُ

اَلَّذِیْ	حَآجَّ (1)	اِبْرٰهٖمَ (2)	فِیْ	رَبِّهٖۤ	اَنْ	اٰتٰىهُ
جو (جس نے)	جھگڑا کیا	ابراہیم (سے)	(کے بارے) میں	اس کے رب	کہ	عطا کی، دی اسے

جس نے ابراہیم سے اس کے رب کے بارے میں اس بنا پر جھگڑا کیا کہ اللہ نے اسے

اللّٰهُ الْمُلْكَ ۘ اِذْ قَالَ اِبْرٰهٖمُ رَبِّیَ الَّذِیْ یُحْیٖ وَ

اللّٰهُ	الْمُلْكَ	اِذْ	قَالَ	اِبْرٰهٖمُ	رَبِّیَ	الَّذِیْ	یُحْیٖ	وَ
اللہ (نے)	بادشاہی	جب	کہا، فرمایا	ابراہیم (نے)	میرا رب	(وہ ہے) جو	زندہ کرتا ہے	اور

بادشاہی دی ہے، جب ابراہیم نے فرمایا: میرا رب وہ ہے جو زندگی دیتا ہے اور

یُمِیْتُ ۙ قَالَ اَنَا اُحْیٖ وَ اُمِیْتُ ؕ قَالَ اِبْرٰهٖمُ

یُمِیْتُ	قَالَ	اَنَا	اُحْیٖ	وَ	اُمِیْتُ	قَالَ	اِبْرٰهٖمُ
موت دیتا ہے	کہا (بادشاہ نے)	میں	زندہ کرتا ہوں	اور	مارتا ہوں	فرمایا	ابراہیم (نے)

موت دیتا ہے۔ اس نے کہا: میں بھی زندگی دیتا ہوں اور موت دیتا ہوں۔ ابراہیم نے فرمایا:

فَاِنَّ اللّٰهَ یَاْتِیْ بِالشَّمْسِ مِنَ الْمَشْرِقِ فَاْتِ بِهَا مِنَ الْمَغْرِبِ

فَاِنَّ	اللّٰهَ	یَاْتِیْ بِالشَّمْسِ	مِنَ	الْمَشْرِقِ	فَاْتِ بِهَا	مِنَ	الْمَغْرِبِ
پس بیشک	اللہ	لاتا ہے سورج کو	سے	مشرق	پس تو لے آ اسے	سے	مغرب

تو اللہ سورج کو مشرق سے لاتا ہے پس تو اسے مغرب سے لے آ۔

فَبُهِتَ الَّذِیْ كَفَرَ ؕ وَ اللّٰهُ لَا یَهْدِی الْقَوْمَ

فَبُهِتَ	الَّذِیْ	كَفَرَ	وَ	اللّٰهُ	لَا یَهْدِی	الْقَوْمَ
تو حیران رہ گیا	وہ جو (جس نے)	کفر کیا	اور	اللہ	ہدایت نہیں دیتا	قوم (کو)

تو اس کافر کے ہوش اڑ گئے اور اللہ ظالموں کو ہدایت

(1)...... اس آیت سے عقائد میں مناظرہ کرنے کا ثبوت ہوتا ہے اور یہ سنتِ انبیاء عَلَیْهِمُ الصَّلٰوةُ وَالسَّلَام ہے، لہٰذا مناظرہ کرنا برا نہیں ہے البتہ اس میں جو تکبر و سرکشی اور حق کو قبول نہ کرنے کا پہلو داخل ہو گیا ہے وہ برا ہے اور اسی صورت کی علماء کرام مذمت بیان کرتے ہیں۔ (2)...... اس آیت میں نور اور تاریکی والوں کی مثال کے طور پر نور والوں کے پیشوا سیِّدُنا ابراہیم عَلَیْهِ الصَّلٰوةُ وَالسَّلَام اور تاریکی والوں کے پیشوا نمرود کا ایک واقعہ بیان کیا جا رہا ہے، اس کی تفصیل جاننے کے لئے تفسیر صراط الجنان، ج۱، ص۳۸۷ کا مطالعہ فرمائیں۔

الظّٰلِمِيْنَ ﴿۲۵۸﴾ؕ اَوْ كَالَّذِيْ مَرَّ عَلٰى قَرْيَةٍ وَّهِيَ

الظّٰلِمِيْنَ ﴿۲۵۸﴾	اَوْ (1)	كَالَّذِيْ (2)	مَرَّ	عَلٰى	قَرْيَةٍ	وَّ	هِيَ
ظلم کرنے والے	یا	(اس) کی طرح جو	گزرا	پر	ایک بستی	اور	وہ

نہیں دیتا○ یا (کیا تم نے) اس شخص کو (نہ دیکھا) جس کا ایک بستی پر گزر ہوا اور وہ بستی

خَاوِيَةٌ عَلٰى عُرُوْشِهَا ۚ قَالَ اَنّٰى يُحْيٖ هٰذِهِ اللّٰهُ

خَاوِيَةٌ	عَلٰى	عُرُوْشِهَا	قَالَ	اَنّٰى	يُحْيٖ	هٰذِهِ	اللّٰهُ
گری ہوئی (تھی)	پر	اپنی چھتوں	کہا	کیسے	زندہ کرے گا	اسے	اللہ

اپنی چھتوں کے بل گری پڑی تھی تو اس شخص نے کہا: اللہ انہیں ان کی موت کے بعد

بَعْدَ مَوْتِهَا ۚ فَاَمَاتَهُ اللّٰهُ مِائَةَ عَامٍ ثُمَّ بَعَثَهٗ ؕ

بَعْدَ	مَوْتِهَا	فَاَمَاتَهُ	اللّٰهُ	مِائَةَ عَامٍ	ثُمَّ	بَعَثَهٗ
بعد	اس کی موت (کے)	تو موت دی اسے	اللہ (نے)	سو سال	پھر	زندہ کر دیا اسے

کیسے زندہ کرے گا؟ تو اللہ نے اسے سو سال موت کی حالت میں رکھا پھر اسے زندہ کیا،

قَالَ كَمْ لَبِثْتَ ؕ قَالَ لَبِثْتُ يَوْمًا اَوْ

قَالَ	كَمْ	لَبِثْتَ	قَالَ	لَبِثْتُ	يَوْمًا	اَوْ
فرمایا	کتنا (عرصہ)	تم ٹھہرے	کہا، عرض کی	میں ٹھہرا ہوں گا	ایک دن	یا

(پھر اس شخص سے) فرمایا: تم یہاں کتنا عرصہ ٹھہرے ہو؟ اس نے عرض کی: میں ایک دن یا

بَعْضَ يَوْمٍ ؕ قَالَ بَلْ لَّبِثْتَ مِائَةَ عَامٍ فَانْظُرْ اِلٰى

بَعْضَ يَوْمٍ	قَالَ	بَلْ	لَّبِثْتَ	مِائَةَ عَامٍ	فَانْظُرْ	اِلٰى
دن کا کچھ حصہ	فرمایا	بلکہ	تم ٹھہرے	سو سال	پس دیکھ	کی طرف

ایک دن سے بھی کچھ کم وقت ٹھہرا ہوں گا۔ اللہ نے فرمایا: (نہیں) بلکہ تو یہاں سو سال ٹھہرا ہے اور

عنوان: حضرت عزیر عَلَیْہِ الصَّلٰوۃُ وَالسَّلَام کی وفات اور آپ کو دوبارہ زندہ کئے جانے کا واقعہ

1 ...... اس آیت میں مردوں کو زندہ کرنے کے بارے اللہ تعالیٰ کی عظیم قدرت پر دلالت کرنے والا ایک واقعہ بیان کیا جا رہا ہے۔ اس کی تفصیل جاننے کے لئے تفسیر صراط الجنان، ج۱، ص ۳۹۱ کا مطالعہ فرمائیں۔

2 ...... اکثر مفسرین کے بقول اس آیت میں بیان کیا گیا واقعہ حضرت عزیر عَلَیْہِ الصَّلٰوۃُ وَالسَّلَام کا ہے اور بستی سے بیت المقدس مراد ہے۔

طَعَامِكَ وَشَرَابِكَ لَمْ يَتَسَنَّهْ ۚ وَانْظُرْ اِلٰى حِمَارِكَ ۫

طَعَامِكَ	وَ	شَرَابِكَ	لَمْ يَتَسَنَّهْ	وَ	انْظُرْ	اِلٰى	حِمَارِكَ
اپنے کھانے	اور	اپنے پانی	وہ بدبودار نہیں ہوا	اور	دیکھ	کی طرف	اپنے گدھے

اپنے کھانے اور پانی کو دیکھ کہ اب تک بدبودار نہیں ہوا اور اپنے گدھے کو دیکھ (جس کی ہڈیاں تک سلامت نہ رہیں)

وَلِنَجْعَلَكَ اٰيَةً لِّلنَّاسِ وَانْظُرْ اِلَى الْعِظَامِ

وَ	لِنَجْعَلَكَ	اٰيَةً	لِّلنَّاسِ	وَ	انْظُرْ	اِلَى	الْعِظَامِ
اور	تاکہ ہم بنادیں تمہیں	نشانی	لوگوں کے لئے	اور	دیکھ	کی طرف	ہڈیوں

اور یہ (سب) اس لئے (کیا گیا ہے) تاکہ ہم تمہیں لوگوں کے لئے ایک نشانی بنادیں اور ان ہڈیوں کو دیکھ

كَيْفَ نُنْشِزُهَا ثُمَّ نَكْسُوْهَا لَحْمًا ؕ فَلَمَّا

كَيْفَ	نُنْشِزُهَا	ثُمَّ	نَكْسُوْهَا	لَحْمًا	فَلَمَّا
کیسے	ہم اٹھادیتے ہیں (زندہ کرتے ہیں) انہیں	پھر	ہم پہناتے ہیں انہیں	گوشت	توجب

کہ ہم کیسے انہیں اٹھاتے (زندہ کرتے) ہیں پھر انہیں گوشت پہناتے ہیں توجب

تَبَيَّنَ لَهٗ ۙ قَالَ اَعْلَمُ اَنَّ اللّٰهَ عَلٰى كُلِّ شَيْءٍ

تَبَيَّنَ	لَهٗ	قَالَ	اَعْلَمُ	اَنَّ	اللّٰهَ	عَلٰى كُلِّ شَيْءٍ
واضح ہوگیا، ظاہر ہوگیا (یہ معاملہ)	اس کے لئے	کہا	میں جانتا ہوں	بیشک	اللہ	ہر چیز پر

یہ معاملہ اس پر ظاہر ہوگیا تو وہ بول اُٹھا: میں خوب جانتا ہوں کہ اللہ ہر چیز پر

قَدِيْرٌ ﴿۲۵۹﴾ وَاِذْ قَالَ اِبْرٰهٖمُ رَبِّ اَرِنِيْ كَيْفَ

قَدِيْرٌ ﴿۲۵۹﴾	وَ	اِذْ	قَالَ	اِبْرٰهٖمُ (1)	رَبِّ	اَرِنِيْ	كَيْفَ
قدرت والا (ہے)	اور	جب	کہا، عرض کی	ابراہیم (نے)	اے میرے رب	دکھا مجھے	کیسے

قادر ہے ○ اور جب ابراہیم نے عرض کی: اے میرے رب! تو مجھے دکھادے

عنوان حضرت ابراہیم عَلَيْهِ الصَّلٰوةُ وَالسَّلَام اور چار پرندوں کو زندہ کئے جانے کا واقعہ

(1) ...... اس آیت میں مردوں کو زندہ کرنے کے بارے اللہ تعالیٰ کی عظیم قدرت پر دلالت کرنے والا ایک اور واقعہ بیان کیا جارہا ہے۔ اس کی تفصیل جاننے کے لئے تفسیر صراط الجنان، ج۱، ص۳۹۳ کا مطالعہ فرمائیں۔

تُحۡیِ الۡمَوۡتٰی ؕ قَالَ اَوَلَمۡ تُؤۡمِنۡ ؕ قَالَ بَلٰی

تُحۡیِ	الۡمَوۡتٰی	قَالَ	اَوَ	لَمۡ تُؤۡمِنۡ	قَالَ	بَلٰی
تو زندہ کرے گا	مردوں (کو)	کہا، فرمایا	کیا اور	تم یقین نہیں رکھتے	کہا، عرض کی	کیوں نہیں

کہ تو مردوں کو کس طرح زندہ فرمائے گا؟ اللہ نے فرمایا: کیا تجھے یقین نہیں؟ ابراہیم نے عرض کی: یقین کیوں نہیں

وَلٰکِنۡ لِّیَطۡمَئِنَّ قَلۡبِیۡ ؕ قَالَ فَخُذۡ اَرۡبَعَۃً مِّنَ الطَّیۡرِ

وَ	لٰکِنۡ	لِّیَطۡمَئِنَّ	قَلۡبِیۡ	قَالَ (1)	فَخُذۡ	اَرۡبَعَۃً	مِّنَ	الطَّیۡرِ
اور	لیکن	تاکہ مطمئن ہو جائے	میرا دل	کہا، فرمایا	تو پکڑ لو	چار	سے	پرندوں

مگر یہ (چاہتا ہوں) کہ میرے دل کو قرار آجائے۔ اللہ نے فرمایا: تو پرندوں میں سے کوئی چار پرندے پکڑ لو

فَصُرۡهُنَّ اِلَیۡکَ ثُمَّ اجۡعَلۡ عَلٰی کُلِّ جَبَلٍ

فَصُرۡهُنَّ	اِلَیۡکَ	ثُمَّ	اجۡعَلۡ	عَلٰی	کُلِّ جَبَلٍ
پھر مانوس کر لو انہیں	اپنی طرف	پھر	(ذبح کرکے) رکھ دو	پر	ہر پہاڑ

پھر انہیں اپنے ساتھ مانوس کر لو پھر ان سب کا ایک ایک ٹکڑا ہر پہاڑ پر

مِّنۡهُنَّ جُزۡءًا ثُمَّ ادۡعُهُنَّ یَاۡتِیۡنَکَ سَعۡیًا ؕ وَ

مِّنۡهُنَّ	جُزۡءًا	ثُمَّ	ادۡعُهُنَّ	یَاۡتِیۡنَکَ	سَعۡیًا	وَ
ان (کے گوشت) میں سے	ایک حصہ	پھر	بلاؤ انہیں	وہ آئیں گے تمہارے پاس	دوڑتے ہوئے	اور

رکھ دو پھر انہیں پکارو تو وہ تمہارے پاس دوڑتے ہوئے چلے آئیں گے اور

اعۡلَمۡ اَنَّ اللّٰهَ عَزِیۡزٌ حَکِیۡمٌ ﴿۲۶۰﴾ ع مَثَلُ الَّذِیۡنَ یُنۡفِقُوۡنَ

اعۡلَمۡ	اَنَّ	اللّٰهَ	عَزِیۡزٌ	حَکِیۡمٌ ﴿۲۶۰﴾	مَثَلُ	الَّذِیۡنَ	یُنۡفِقُوۡنَ (2)
جان لو	بیشک	اللہ	عزت والا، غلبے والا	حکمت والا	مثال	ان لوگوں کی جو	خرچ کرتے ہیں

جان رکھو کہ اللہ غالب حکمت والا ہے ○ ان لوگوں کی مثال جو

عنوان: راہِ خدا میں مال خرچ کرنے والوں کی ایک مثال

(1)...... اس سے معلوم ہوا کہ اللہ تعالیٰ کی بارگاہ میں انبیاء و مرسلین عَلَیْہِمُ الصَّلٰوۃُ وَالسَّلَام کا مرتبہ بہت بلند ہے کہ اللہ تعالیٰ ان کی خواہشات پوری فرماتا، ان کی دعائیں قبول کرتا، یہاں تک کہ ان کی دعاؤں سے مردے بھی زندہ فرما دیتا ہے۔ (2)...... اس آیت میں واجب یا نفل کی قید کے بغیر خرچ کرنے کا فرمایا گیا ہے نیز نیکی کی تمام صورتوں میں خرچ کرنا راہِ خدا میں خرچ کرنا ہے جیسے کسی عالم یا طالبِ علم کی مدد کرنا، غریب کو کھانا، کپڑے، دوائی یا راشن وغیرہ دلا دینا۔

اَمْوَالَهُمْ فِيْ سَبِيْلِ اللّٰهِ كَمَثَلِ حَبَّةٍ اَنْۢبَتَتْ سَبْعَ سَنَابِلَ فِيْ

اَمْوَالَهُمْ	فِيْ	سَبِيْلِ اللّٰهِ	كَمَثَلِ حَبَّةٍ	اَنْۢبَتَتْ	سَبْعَ	سَنَابِلَ	فِيْ
اپنے اموال	میں	اللہ کی راہ	دانے کی مثال جیسی (ہے)	اس نے اگائیں	سات	بالیاں	میں

اپنے مال اللہ کی راہ میں خرچ کرتے ہیں اس دانے کی طرح ہے جس نے سات بالیاں اگائیں،

كُلِّ سُنْۢبُلَةٍ مِّائَةُ حَبَّةٍ ؕ وَاللّٰهُ يُضٰعِفُ لِمَنْ يَّشَآءُ ؕ وَاللّٰهُ

كُلِّ سُنْۢبُلَةٍ	مِّائَةُ حَبَّةٍ	وَ	اللّٰهُ	يُضٰعِفُ (1)	لِمَنْ	يَّشَآءُ	وَ	اللّٰهُ
ہر بالی	سو دانے	اور	اللہ	بڑھادیتا ہے	جس کے لئے	وہ چاہے	اور	اللہ

ہر بالی میں سو دانے ہیں اور اللہ اس سے بھی زیادہ بڑھائے جس کے لئے چاہے اور اللہ

وَاسِعٌ عَلِيْمٌ ﴿٢٦١﴾ اَلَّذِيْنَ يُنْفِقُوْنَ اَمْوَالَهُمْ فِيْ سَبِيْلِ اللّٰهِ

وَاسِعٌ	عَلِيْمٌ ﴿٢٦١﴾	اَلَّذِيْنَ	يُنْفِقُوْنَ	اَمْوَالَهُمْ	فِيْ	سَبِيْلِ اللّٰهِ
وسعت والا	علم والا	وہ لوگ جو	خرچ کرتے ہیں	اپنے اموال	میں	اللہ کی راہ

وسعت والا، علم والا ہے ○ وہ لوگ جو اپنے مال اللہ کی راہ میں خرچ کرتے ہیں

ثُمَّ لَا يُتْبِعُوْنَ مَآ اَنْفَقُوْا مَنًّا وَّلَآ اَذًى ۙ

ثُمَّ	لَا يُتْبِعُوْنَ	مَآ	اَنْفَقُوْا	مَنًّا	وَّ	لَآ	اَذًى (2)
پھر	(اس کے) پیچھے نہیں لاتے	جو	انہوں نے خرچ کیا	احسان جتانا	اور	نہ	تکلیف دینا

پھر اپنے خرچ کرنے کے بعد نہ احسان جتاتے ہیں اور نہ تکلیف دیتے ہیں

لَهُمْ اَجْرُهُمْ عِنْدَ رَبِّهِمْ ۚ وَلَا خَوْفٌ عَلَيْهِمْ

لَهُمْ	اَجْرُهُمْ	عِنْدَ	رَبِّهِمْ	وَ	لَا	خَوْفٌ	عَلَيْهِمْ
ان کے لئے	ان کا اجر	پاس	ان کے رب (کے)	اور	نہیں	کوئی خوف	ان پر

ان کا انعام ان کے رب کے پاس ہے اور ان پر نہ کوئی خوف ہو گا

عنوان صدقہ قبول ہونے کی دو شرائط، احسان نہ جتانا اور تکلیف نہ دینا

(1) ...... یاد رہے کہ نیک اعمال تو یکساں ہوتے ہیں مگر اخلاص، حسن نیت اور نسبت وغیرہ میں فرق کی وجہ سے بعض اوقات ثواب میں بہت فرق ہوتا ہے۔ (2) ...... صدقہ دینے کے بعد احسان جتلانا اور جسے صدقہ دیا اسے تکلیف دینا ناجائز و ممنوع ہے۔ احسان جتلانا تو یہ ہے کہ دینے کے بعد دوسروں کے سامنے اظہار کریں کہ ہم نے تیرے ساتھ ایسے ایسے سلوک کئے اور یوں اس کا دل میلا کریں اور تکلیف دینا یہ ہے کہ اس کو عار دلائیں کہ تو نادار تھا، مفلس تھا، مجبور تھا، نکما تھا ہم نے تیری خبر گیری کی یا اور طرح اُس پر دباؤ ڈالیں۔

وَلَا هُمْ يَحْزَنُوْنَ ﴿۲۶۲﴾ قَوْلٌ مَّعْرُوْفٌ وَّمَغْفِرَةٌ

وَ	لَا	هُمْ	يَحْزَنُوْنَ ﴿۲۶۲﴾	قَوْلٌ	مَّعْرُوْفٌ	وَّ	مَغْفِرَةٌ [1]
اور	نہ	وہ	غمگین ہوں گے	بات	اچھی	اور	معاف کرنا، در گزر کرنا

اور نہ وہ غمگین ہوں گے ○ اچھی بات کہنا اور معاف کر دینا

خَيْرٌ مِّنْ صَدَقَةٍ يَّتْبَعُهَآ اَذًى ؕ وَاللّٰهُ غَنِيٌّ حَلِيْمٌ ﴿۲۶۳﴾

خَيْرٌ	مِّنْ	صَدَقَةٍ	يَّتْبَعُهَآ	اَذًى	وَ	اللّٰهُ	غَنِيٌّ	حَلِيْمٌ ﴿۲۶۳﴾
بہتر (ہے)	سے	صدقہ	پیچھے ہو اس کے	ستانا	اور	اللہ	بے پرواہ، بے نیاز	حلم والا

اس خیرات سے بہتر ہے جس کے بعد ستانا ہو اور اللہ بے پرواہ، حلم والا ہے ○

يٰٓاَيُّهَا الَّذِيْنَ اٰمَنُوْا لَا تُبْطِلُوْا صَدَقٰتِكُمْ بِالْمَنِّ

يٰٓاَيُّهَا	الَّذِيْنَ	اٰمَنُوْا	لَا تُبْطِلُوْا	صَدَقٰتِكُمْ	بِالْمَنِّ
اے	وہ لوگو جو	ایمان لائے	باطل نہ کر دو، ضائع نہ کر دو	اپنے صدقات	احسان جتانے کے ساتھ

اے ایمان والو! احسان جتا کر اور تکلیف پہنچا کر اپنے صدقے

وَالْاَذٰى ۙ كَالَّذِيْ يُنْفِقُ مَالَهٗ رِئَآءَ النَّاسِ

وَ	الْاَذٰى	كَالَّذِيْ	يُنْفِقُ	مَالَهٗ	رِئَآءَ النَّاسِ [2]
اور	تکلیف (کے ساتھ)	(اس) کی طرح جو	خرچ کرتا ہے	اپنا مال	لوگوں کو دکھانے (کے لئے)

برباد نہ کر دو اس شخص کی طرح جو اپنا مال لوگوں کے دکھلاوے کے لئے خرچ کرتا ہے

وَلَا يُؤْمِنُ بِاللّٰهِ وَالْيَوْمِ الْاٰخِرِ ؕ فَمَثَلُهٗ

وَ	لَا يُؤْمِنُ	بِاللّٰهِ	وَ	الْيَوْمِ	الْاٰخِرِ	فَمَثَلُهٗ
اور	وہ ایمان نہیں لاتا	اللہ پر	اور	دن، روز	آخرت (پر)	تو اس کی مثال

اور اللہ اور قیامت پر ایمان نہیں لاتا تو اس کی مثال

عنوان: صدقہ دے کر تکلیف پہنچانے سے بہتر اچھی بات کہہ دینا ہے — احسان جتا کر اور تکلیف دے کر صدقات کا ثواب باطل کرنے کی ممانعت — ریاکاری کے طور پر صدقہ کرنے والوں کی مثال

[1]..... اگر سائل کو کچھ نہ دیا جائے تو اس سے خوش خلقی سے اچھی بات کہی جائے جو اسے ناگوار نہ گزرے اور اگر وہ سوال میں اصرار کرے یا زبان درازی کرے تو اس سے در گزر کیا جائے۔ سائل کو کچھ نہ دینے کی صورت میں اس سے اچھی بات کہنا اور اس کی زیادتی کو معاف کر دینا اس صدقے سے بہتر ہے جس کے بعد اسے عار دلائی جائے یا احسان جتایا جائے یا کسی دوسرے طریقے سے اسے کوئی تکلیف پہنچائی جائے۔ [2]..... اس سے معلوم ہوا کہ ریاکاری سے اعمال کا ثواب باطل ہو جاتا ہے۔

كَمَثَلِ صَفْوَانٍ عَلَيْهِ تُرَابٌ فَاَصَابَهٗ وَابِلٌ فَتَرَكَهٗ

كَمَثَلِ صَفْوَانٍ	عَلَيْهِ	تُرَابٌ	فَاَصَابَهٗ	وَابِلٌ	فَتَرَكَهٗ
چکنے پتھر کی مثال جیسی	اس پر	مٹی (ہو)	تو پہنچی اس پر	زوردار بارش	پس چھوڑ دیا اسے

ایسی ہے جیسے ایک چکنا پتھر ہو جس پر مٹی ہے تو اس پر زوردار بارش پڑی جس نے اسے صاف پتھر

صَلْدًا ؕ لَا يَقْدِرُوْنَ عَلٰى شَیْءٍ مِّمَّا كَسَبُوْا ؕ وَاللّٰهُ

صَلْدًا	لَا يَقْدِرُوْنَ	عَلٰى شَیْءٍ	مِّمَّا	كَسَبُوْا (1)	وَ	اللّٰهُ
صاف پتھر	وہ قدرت نہیں پائیں گے	کسی چیز پر	(اس میں) سے جو	انہوں نے کمایا	اور	اللہ

کر چھوڑا، ایسے لوگ اپنے کمائے ہوئے اعمال سے کسی چیز پر قدرت نہ پائیں گے اور اللہ

لَا يَهْدِى الْقَوْمَ الْكٰفِرِيْنَ ﴿۲۶۴﴾ وَمَثَلُ الَّذِيْنَ يُنْفِقُوْنَ

لَا يَهْدِى	الْقَوْمَ	الْكٰفِرِيْنَ ﴿۲۶۴﴾	وَ	مَثَلُ	الَّذِيْنَ	يُنْفِقُوْنَ
ہدایت نہیں دیتا	قوم (کو)	کفر کرنے والی	اور	مثال	ان لوگوں کی جو	خرچ کرتے ہیں

کافروں کو ہدایت نہیں دیتا ○ اور جو لوگ اپنے مال

اَمْوَالَهُمُ ابْتِغَآءَ مَرْضَاتِ اللّٰهِ وَتَثْبِيْتًا مِّنْ اَنْفُسِهِمْ

اَمْوَالَهُمُ	ابْتِغَآءَ	مَرْضَاتِ اللّٰهِ	وَ	تَثْبِيْتًا	مِّنْ	اَنْفُسِهِمْ
اپنے اموال	چاہنے (کے لئے)	اللہ کی خوشنودیاں	اور	ثابت قدم رکھنے (کے لئے)	سے	اپنے دل

اللہ کی خوشنودی چاہنے کے لئے اور اپنے دلوں کو ثابت قدم رکھنے کے لئے خرچ کرتے ہیں

كَمَثَلِ جَنَّةٍۭ بِرَبْوَةٍ اَصَابَهَا وَابِلٌ فَاٰتَتْ اُكُلَهَا ضِعْفَيْنِ ۚ

كَمَثَلِ جَنَّةٍۭ	بِرَبْوَةٍ	اَصَابَهَا	وَابِلٌ	فَاٰتَتْ	اُكُلَهَا	ضِعْفَيْنِ
باغ کی مثال جیسی	(جو) اونچی جگہ پر (ہو)	پہنچی اسے	تیز بارش	تو وہ لایا	اپنا پھل	دگنا

ان کی مثال اس باغ کی سی ہے جو کسی اونچی زمین پر ہو اس پر زوردار بارش پڑی تو وہ باغ دگنا پھل لایا

عنوان: رضائے الٰہی کے لئے صدقہ کرنے والوں کی مثال

(1) ...... اعلانیہ اور پوشیدہ دونوں طرح صدقہ کی اجازت ہے لیکن اپنی قلبی حالت پر نظر رکھنا ضروری ہے۔ افسوس کہ ہمارے ہاں ریاکاری، احسان جتلانا اور ایذا دینا تینوں بد اعمال کی بھرمار ہے۔ پیسہ خرچ کر کے اپنے نام کے بینرز لگوانا یا اپنی تصویر یا خبر چھپوانا عام معمول ہے، یونہی اگر خاندان میں کوئی کسی کی مدد کر دے تو زندگی بھر اُسے دباتا رہتا ہے اور جب دل کرے سب لوگوں کے سامنے اسے رسوا کر دیتا ہے، یہ نہایت برا ہے۔

فَاِنْ لَّمْ یُصِبْہَا وَابِلٌ فَطَلٌّ ؕ وَاللّٰہُ بِمَا

فَاِنْ	لَّمْ یُصِبْہَا	وَابِلٌ	فَطَلٌّ (1)	وَ	اللّٰہُ	بِمَا
پھر اگر	نہ پہنچے اسے	تیز بارش	تو ہلکی سی پھوار، اوس (کافی ہے)	اور	اللہ	ساتھ جو (اسے جو)

پھر اگر زور دار بارش نہ پڑے تو ہلکی سی پھوار ہی کافی ہے اور اللہ

تَعْمَلُوْنَ بَصِیْرٌ ﴿۲۶۵﴾ اَیَوَدُّ اَحَدُکُمْ اَنْ تَکُوْنَ

تَعْمَلُوْنَ	بَصِیْرٌ ﴿۲۶۵﴾	اَیَوَدُّ	اَحَدُکُمْ	اَنْ	تَکُوْنَ
تم کرتے ہو	دیکھنے والا (ہے)	کیا پسند کرے گا	تم میں سے کوئی ایک	کہ	ہو

تمہارے کام دیکھ رہا ہے ○ کیا تم میں کوئی یہ پسند کرے گا کہ

لَہٗ جَنَّۃٌ مِّنْ نَّخِیْلٍ وَّ اَعْنَابٍ تَجْرِیْ مِنْ تَحْتِہَا

لَہٗ	جَنَّۃٌ	مِّنْ	نَّخِیْلٍ	وَّ	اَعْنَابٍ	تَجْرِیْ	مِنْ	تَحْتِہَا
اس کے لئے	ایک باغ	سے	کھجور	اور	انگوروں (کا)	بہتی ہوں	سے	اس کے نیچے

اس کے پاس کھجور اور انگوروں کا ایک باغ ہو جس کے نیچے ندیاں

الْاَنْہٰرُ ۙ لَہٗ فِیْہَا مِنْ کُلِّ الثَّمَرٰتِ ۙ وَاَصَابَہُ

الْاَنْہٰرُ	لَہٗ	فِیْہَا	مِنْ	کُلِّ الثَّمَرٰتِ	وَ	اَصَابَہُ
نہریں، ندیاں	اس کے لئے (ہو)	اس (باغ) میں	سے	ہر (طرح کا) پھل	اور	پہنچ جائے، آجائے اسے

بہتی ہوں، اس کے لئے اس میں ہر قسم کے پھل ہوں اور اسے

الْکِبَرُ وَلَہٗ ذُرِّیَّۃٌ ضُعَفَآءُ ۪ۖ فَاَصَابَہَآ اِعْصَارٌ

الْکِبَرُ	وَ	لَہٗ	ذُرِّیَّۃٌ	ضُعَفَآءُ	فَاَصَابَہَآ	اِعْصَارٌ
بڑھاپا	اور (حالانکہ)	اس کے لئے (ہوں)	بچے	کمزور، ناتواں	پھر آئے اس (باغ) پر	ایک بگولا

بڑھاپا آجائے اور حال یہ ہو کہ اس کے کمزور و ناتواں بچے ہوں پھر اس پر ایک بگولا آئے

عنوان: ریاکاری کے طور پر صدقہ کرنے والوں کے لئے دل ہلا دینے والی مثال

(1) ...... اس آیت میں ان لوگوں کی مثال بیان کی گئی ہے جو خالصتاً رضائے الٰہی کے حصول اور اپنے دلوں کو ایمان پر استقامت دینے کیلئے اخلاص کے ساتھ عمل کرتے ہیں کہ جس طرح بلند خطہ کی بہتر زمین کا باغ ہر حال میں خوب پھلتا ہے خواہ بارش کم ہو یا زیادہ، ایسے ہی با اخلاص مومن کا صدقہ کم ہو یا زیادہ اللہ تعالیٰ اس کو بڑھاتا ہے۔ اللہ تعالیٰ کی بارگاہ میں دل کی کیفیت دیکھی جاتی ہے نہ کہ فقط مال کی مقدار۔

فِيْهِ نَارٌ فَاحْتَرَقَتْ ؕ كَذٰلِكَ يُبَيِّنُ اللّٰهُ لَكُمُ الْاٰيٰتِ

الْاٰيٰتِ	لَكُمُ	اللّٰهُ	يُبَيِّنُ	كَذٰلِكَ	فَاحْتَرَقَتْ (1)	نَارٌ	فِيْهِ
آیتیں	تمہارے لئے	اللہ	بیان فرماتا ہے	اسی طرح	تو وہ باغ جل جائے	آگ	اس میں (ہو)

جس میں آگ ہو تو سارا باغ جل جائے۔ اللہ تم سے اسی طرح اپنی آیتیں کھول کر بیان کرتا ہے

لَعَلَّكُمْ تَتَفَكَّرُوْنَ ﴿۲۶۶﴾ ع يٰۤاَيُّهَا الَّذِيْنَ اٰمَنُوْۤا اَنْفِقُوْا مِنْ طَيِّبٰتِ مَا

مَا	طَيِّبٰتِ	مِنْ	اَنْفِقُوْا	اٰمَنُوْۤا	الَّذِيْنَ	يٰۤاَيُّهَا	تَتَفَكَّرُوْنَ ﴿۲۶۶﴾	لَعَلَّكُمْ
جو	پاکیزہ	سے	خرچ کرو	ایمان لائے	وہ لوگو جو	اے	غور وفکر کرو	تاکہ تم

تاکہ تم غور وفکر کرو○ اے ایمان والو! اپنی پاک کمائیوں میں

كَسَبْتُمْ وَمِمَّاۤ اَخْرَجْنَا لَكُمْ مِّنَ الْاَرْضِ ۪ وَ

وَ	الْاَرْضِ	مِّنَ	لَكُمْ	اَخْرَجْنَا	مِمَّاۤ	وَ	كَسَبْتُمْ
اور	زمین	سے	تمہارے لئے	ہم نے نکالا	(اس میں) سے جو	اور	تم نے کمایا

سے اور اس میں سے جو ہم نے تمہارے لئے زمین سے نکالا ہے (اللہ کی راہ میں) کچھ خرچ کرو اور

لَا تَيَمَّمُوا الْخَبِيْثَ مِنْهُ تُنْفِقُوْنَ وَلَسْتُمْ

لَسْتُمْ	وَ	تُنْفِقُوْنَ	مِنْهُ	الْخَبِيْثَ	لَا تَيَمَّمُوا
تم نہیں ہو	اور (حالانکہ)	خرچ کرتے ہوئے	اس (کمائی) میں سے	ردی چیز (دینے کا)	ارادہ نہ کرو

خرچ کرتے ہوئے خاص ناقص مال (دینے) کا ارادہ نہ کرو حالانکہ (اگر وہی تمہیں دیا جائے تو)

بِاٰخِذِيْهِ اِلَّاۤ اَنْ تُغْمِضُوْا فِيْهِ ؕ وَاعْلَمُوْۤا اَنَّ

اَنَّ	اعْلَمُوْۤا	وَ	فِيْهِ	تُغْمِضُوْا (2)	اَنْ	اِلَّاۤ	بِاٰخِذِيْهِ
بیشک	جان لو	اور	اس میں	چشم پوشی کرو	یہ کہ	مگر	پکڑنے والے، لینے والے اسے

تم اسے چشم پوشی کئے بغیر قبول نہیں کرو گے اور جان رکھو کہ

عنوان راہِ خدا میں پاکیزہ اور حلال مال خرچ کرنے کا حکم | راہِ خدا میں ناقص اور گھٹیا مال دینے کی ممانعت

(1)...... اللہ اکبر! کس قدر دل دہلا دینے والی مثال ہے۔ اے کاش کہ ہم سمجھ جائیں اور اپنے تمام اعمال، نماز، ذکر و درود، تلاوت و نعت خوانی، حج و عمرہ، زکوٰۃ و صدقات وغیرہ کو ریاکاری کی تباہ کاری سے بچالیں اور اپنے اعمال کا محاسبہ کرنا شروع کر دیں۔

(2)...... بہت سے لوگ خود تو اچھا مال استعمال کرتے ہیں لیکن جب راہِ خدا میں دینا ہوتا ہے تو ناقابلِ استعمال اور گھٹیا قسم کا مال دیتے ہیں۔ ان کیلئے اِس آیت میں عبرت ہے۔ اگر کوئی چیز فی نفسہ اچھی ہے لیکن آدمی کو خود پسند نہیں تو اسے دینے میں حرج نہیں، حرج تب ہے جب چیز اچھی نہ ہونے کی وجہ سے ناپسند ہو۔

اَللّٰهَ غَنِيٌّ حَمِيْدٌ ﴿٢٦٧﴾ اَلشَّيْطٰنُ يَعِدُكُمُ الْفَقْرَ وَ

اللّٰهَ	غَنِيٌّ	حَمِيْدٌ ﴿٢٦٧﴾	اَلشَّيْطٰنُ	يَعِدُكُمُ	الْفَقْرَ (1)	وَ
اللہ	بے پرواہ، بے نیاز	تعریف کیا ہوا	شیطان	ڈراتا ہے تمہیں	محتاجی، تنگدستی (سے)	اور

اللہ بے پرواہ، حمد کے لائق ہے ○ شیطان تمہیں محتاجی کا اندیشہ دلاتا ہے اور

يَاْمُرُكُمْ بِالْفَحْشَآءِ ۚ وَاللّٰهُ يَعِدُكُمْ مَّغْفِرَةً

يَاْمُرُكُمْ	بِالْفَحْشَآءِ	وَ	اللّٰهُ	يَعِدُكُمْ	مَّغْفِرَةً
حکم دیتا ہے تمہیں	بے حیائی کا	اور	اللہ	وعدہ فرماتا ہے تم سے	مغفرت، بخشش (کا)

بے حیائی کا حکم دیتا ہے اور اللہ تم سے اپنی طرف سے بخشش

مِّنْهُ وَفَضْلًا ؕ وَاللّٰهُ وَاسِعٌ عَلِيْمٌ ﴿٢٦٨﴾ ۙۖ يُّؤْتِي الْحِكْمَةَ مَنْ

مِّنْهُ	وَ	فَضْلًا	وَ	اللّٰهُ	وَاسِعٌ	عَلِيْمٌ ﴿٢٦٨﴾	يُّؤْتِي	الْحِكْمَةَ	مَنْ
اپنی طرف سے	اور	فضل (کا)	اور	اللہ	وسعت والا	علم والا	دیتا ہے	حکمت	جسے

اور فضل کا وعدہ فرماتا ہے اور اللہ وسعت والا، علم والا ہے ○ اللہ جسے چاہتا ہے حکمت

يَّشَآءُ ۚ وَمَنْ يُّؤْتَ الْحِكْمَةَ فَقَدْ اُوْتِيَ خَيْرًا كَثِيْرًا ؕ

يَّشَآءُ	وَ	مَنْ	يُّؤْتَ	الْحِكْمَةَ	فَقَدْ	اُوْتِيَ	خَيْرًا	كَثِيْرًا
وہ چاہے	اور	جسے	دی گئی	حکمت	تو تحقیق، بیشک	اسے دی گئی	بھلائی	کثیر، بہت

دیتا ہے اور جسے حکمت دی جائے تو بیشک اسے بہت زیادہ بھلائی مل گئی

وَمَا يَذَّكَّرُ اِلَّآ اُولُوا الْاَلْبَابِ ﴿٢٦٩﴾ وَمَآ اَنْفَقْتُمْ

وَ	مَا يَذَّكَّرُ	اِلَّآ	اُولُوا الْاَلْبَابِ ﴿٢٦٩﴾	وَ	مَآ	اَنْفَقْتُمْ
اور	نصیحت حاصل نہیں کرتے	مگر	عقل والے	اور	جو	تم خرچ کرو

اور عقل والے ہی نصیحت مانتے ہیں ○ اور تم جو خرچ

عنوان: راہِ خدا میں خرچ کرنے پر محتاجی سے ڈرانا شیطان کا کام ہے — علم و حکمت کی فضیلت — کوئی صدقہ اور نذر اللہ تعالیٰ سے پوشیدہ نہیں

(1) ...... شیطان طرح طرح سے وسوسے دلاتا ہے کہ اگر تم خرچ کرو گے، صدقہ دو گے تو خود فقیر و نادار ہو جاؤ گے لہٰذا خرچ نہ کرو۔ یہ شیطان کی بہت بڑی چال ہے کہ اللہ تعالیٰ کی راہ میں خرچ کرتے وقت اس طرح کے اندیشے دلاتا ہے حالانکہ جن لوگوں کے دلوں میں یہ وسوسہ ڈالا جا رہا ہوتا ہے وہی لوگ شادی بیاہ میں جائز و ناجائز رسومات پر اور عام زندگی میں بے دریغ خرچ کر رہے ہوتے ہیں۔

مِّنْ نَّفَقَةٍ اَوْ نَذَرْتُمْ مِّنْ نَّذْرٍ فَاِنَّ اللّٰهَ

مِّنْ	نَّفَقَةٍ	اَوْ	نَذَرْتُمْ	مِّنْ	نَّذْرٍ	فَاِنَّ	اللّٰهَ
سے	کوئی خرچ	یا	تم نذر مانو	سے	کوئی نذر	پس بیشک	اللہ

کرو یا کوئی نذر مانو اللہ

یَعْلَمُهٗؕ وَمَا لِلظّٰلِمِیْنَ مِنْ اَنْصَارٍ ﴿۲۷۰﴾ اِنْ تُبْدُوا

یَعْلَمُهٗ (1)	وَ	مَا	لِلظّٰلِمِیْنَ	مِنْ	اَنْصَارٍ ﴿۲۷۰﴾	اِنْ	تُبْدُوا
جانتا ہے اسے	اور	نہیں	ظالموں کے لئے	سے	کوئی مددگار	اگر	تم ظاہر کرو

اسے جانتا ہے اور ظالموں کا کوئی مددگار نہیں ○ اگر تم اعلانیہ

الصَّدَقٰتِ فَنِعِمَّا هِیَۚ وَاِنْ تُخْفُوْهَا وَتُؤْتُوْهَا

الصَّدَقٰتِ	فَنِعِمَّا	هِیَ	وَ	اِنْ	تُخْفُوْهَا	وَ	تُؤْتُوْهَا
صدقات، خیراتیں	تو کیا ہی اچھی ہے	وہ (خیرات)	اور	اگر	تم چھپاؤ اسے	اور	دو اسے

خیرات دو گے تو وہ کیا ہی اچھی بات ہے اور اگر تم چھپا کر

الْفُقَرَآءَ فَهُوَ خَیْرٌ لَّكُمْؕ وَیُكَفِّرُ عَنْكُمْ مِّنْ

الْفُقَرَآءَ	فَهُوَ	خَیْرٌ	لَّكُمْ (2)	وَ	یُكَفِّرُ	عَنْكُمْ	مِّنْ
فقیروں (کو)	تو وہ	سب سے بہتر (ہے)	تمہارے لئے	اور	مٹا دے گا	تم سے	سے

فقیروں کو دو تو یہ تمہارے لئے سب سے بہتر ہے اور اللہ تم سے تمہاری کچھ

سَیِّاٰتِكُمْؕ وَاللّٰهُ بِمَا تَعْمَلُوْنَ خَبِیْرٌ ﴿۲۷۱﴾ لَیْسَ

سَیِّاٰتِكُمْ	وَ	اللّٰهُ	بِمَا	تَعْمَلُوْنَ	خَبِیْرٌ ﴿۲۷۱﴾	لَیْسَ
تمہاری برائیوں (گناہوں کو)	اور	اللہ	ساتھ جو (اس سے جو)	تم کرتے ہو	خبردار (ہے)	نہیں ہے

برائیاں مٹا دے گا اور اللہ تمہارے کاموں سے خبردار ہے ○ لوگوں کو

عنوان: صدقہ خفیہ اور اعلانیہ دونوں طرح جائز ہے — کسی کو ہدایت دے دینا اللہ تعالیٰ کے اختیار میں ہے

1 ...... یہاں آیت میں وعدہ اور وعید دونوں بیان کئے گئے ہیں کیونکہ فرمایا گیا کہ تم جو خرچ کرو خواہ نیکی میں یا بدی میں یونہی تم جو نذر مانو، اچھے کام کی یا گناہ کے کام کی، ان تمام چیزوں کو اللہ تعالیٰ جانتا ہے، تو اچھے عمل، خرچ اور نذر پر ثواب دے گا جبکہ گناہ کے عمل، خرچ اور نذر پر سزا دے گا۔

2 ...... اکثر و بیشتر اعمال میں یہی قاعدہ ہے کہ وہ خفیہ اور اعلانیہ دونوں طرح جائز ہیں لیکن ریاکاری کیلئے اعلانیہ کرنا حرام ہے اور دوسروں کی ترغیب کیلئے کرنا ثواب ہے۔ مشائخ و علماء بہت سے اعمال اعلانیہ اسی لئے کرتے ہیں کہ ان کے مریدین و متعلقین کو ترغیب ہو۔

عَلَيْكَ هُدٰىهُمْ وَلٰكِنَّ اللّٰهَ يَهْدِيْ مَنْ يَّشَآءُ ؕ وَ

عَلَيْكَ (1)	هُدٰىهُمْ	وَ	لٰكِنَّ	اللّٰهَ	يَهْدِيْ	مَنْ	يَّشَآءُ	وَ
تم پر	ہدایت دے دینا انہیں	اور	لیکن	اللہ	ہدایت دیتا ہے	جسے	وہ چاہے	اور

ہدایت دے دینا تم پر لازم نہیں، ہاں اللہ جسے چاہتا ہے ہدایت دے دیتا ہے اور

مَا تُنْفِقُوْا مِنْ خَيْرٍ فَلِاَنْفُسِكُمْ ؕ وَمَا تُنْفِقُوْنَ

مَا	تُنْفِقُوْا	مِنْ	خَيْرٍ	فَلِاَنْفُسِكُمْ	وَ	مَا تُنْفِقُوْنَ
جو	تم خرچ کرو	سے	بھلائی (اچھی چیز)	تو تمہاری جانوں کے لئے (ہے)	اور	خرچ نہ کرو

تم جو اچھی چیز خرچ کرو تو وہ تمہارے لئے ہی فائدہ مند ہے اور تم

اِلَّا ابْتِغَآءَ وَجْهِ اللّٰهِ ؕ وَمَا تُنْفِقُوْا مِنْ

اِلَّا	ابْتِغَآءَ	وَجْهِ اللّٰهِ	وَ	مَا	تُنْفِقُوْا	مِنْ
مگر	چاہنے (کے لئے)	وجہ اللہ (اللہ کی خوشنودی)	اور	جو	تم خرچ کروگے	سے

اللہ کی خوشنودی چاہنے کیلئے ہی خرچ کرو اور جو مال تم خرچ کرو

خَيْرٍ يُّوَفَّ اِلَيْكُمْ وَاَنْتُمْ لَا تُظْلَمُوْنَ ﴿۲۷۲﴾

خَيْرٍ	يُّوَفَّ	اِلَيْكُمْ	وَ	اَنْتُمْ	لَا تُظْلَمُوْنَ ﴿۲۷۲﴾
بھلائی (مال)	پورا پورا دیا جائے گا	تمہاری طرف (تمہیں)	اور	تم	ظلم نہیں کئے جاؤ گے

گے وہ تمہیں پورا پورا دیا جائے گا اور تم پر کوئی زیادتی نہیں کی جائے گی ○

لِلْفُقَرَآءِ الَّذِيْنَ اُحْصِرُوْا فِيْ سَبِيْلِ اللّٰهِ لَا يَسْتَطِيْعُوْنَ

لِلْفُقَرَآءِ (2)	الَّذِيْنَ	اُحْصِرُوْا	فِيْ	سَبِيْلِ اللّٰهِ	لَا يَسْتَطِيْعُوْنَ
فقیروں کے لئے	وہ لوگ جو	روک دیئے گئے	میں	اللہ کی راہ	طاقت نہیں رکھتے

ان فقیروں کے لئے جو اللہ کے راستے میں روک دیئے گئے، وہ زمین

عنوان: رضائے الٰہی کے لئے صدقہ کرنے کا فائدہ بندے کو ہی ہوگا | صدقات کے عمدہ مصرف محتاجی کے باوجود نہ مانگنے والے خوددار لوگ ہیں

1 ...... حضور پرنور صَلَّی اللّٰہُ تَعَالٰی عَلَیْہِ وَاٰلِہٖ وَسَلَّم بشیر ونذیر اور داعی یعنی دعوت دینے والے بنا کر بھیجے گئے ہیں، آپ کا فرض دعوت دینے سے پورا ہو جاتا ہے اور اس سے زیادہ جدوجہد آپ پر لازم نہیں۔

2 ...... یہ آیت اہل صُفّہ کے حق میں نازل ہوئی۔ ان حضرات کی تعداد چار سو کے قریب تھی، یہ ہجرت کر کے مدینہ طیبہ حاضر ہوئے تھے۔ یہاں نہ ان کا مکان تھا اور نہ کنبہ قبیلہ اور نہ ان حضرات نے شادی کی تھی، ان کے تمام اوقات عبادت میں صرف ہوتے تھے، رات میں قرآن کریم سیکھنا دن میں جہاد کے کام میں رہنا ان کا شب و روز کا معمول تھا۔

ضَرۡبًا فِی الۡاَرۡضِ ۫ یَحۡسَبُہُمُ الۡجَاہِلُ اَغۡنِیَآءَ مِنَ

ضَرۡبًا	فِی الۡاَرۡضِ	یَحۡسَبُہُمُ	الۡجَاہِلُ	اَغۡنِیَآءَ	مِنَ
چلنے پھرنے (کی)	زمین میں	سمجھتے ہیں انہیں	ناواقف	مالدار	سے

چل پھر نہیں سکتے۔ ناواقف انہیں سوال کرنے سے بچنے کی وجہ سے مالدار

التَّعَفُّفِ ۚ تَعۡرِفُہُمۡ بِسِیۡمٰہُمۡ ۚ لَا یَسۡـَٔلُوۡنَ النَّاسَ

التَّعَفُّفِ	تَعۡرِفُہُمۡ	بِسِیۡمٰہُمۡ (1)	لَا یَسۡـَٔلُوۡنَ	النَّاسَ
سوال نہ کرنے (کی وجہ سے)	تم پہچان لوگے انہیں	ان کی نشانی سے	وہ سوال نہیں کرتے	لوگوں (سے)

سمجھتے ہیں۔ تم انہیں ان کی علامت سے پہچان لوگے۔ وہ لوگوں سے لپٹ کر سوال

اِلۡحَافًا ؕ وَ مَا تُنۡفِقُوۡا مِنۡ خَیۡرٍ فَاِنَّ اللّٰہَ بِہٖ

اِلۡحَافًا	وَ	مَا	تُنۡفِقُوۡا	مِنۡ	خَیۡرٍ	فَاِنَّ	اللّٰہَ	بِہٖ
لپٹ کر، گڑگڑا کر	اور	جو	تم خرچ کرو	سے	بھلائی (مال)	پس بیشک	اللہ	اس کو

نہیں کرتے اور تم جو خیرات کرو اللہ اسے

عَلِیۡمٌ ﴿۲۷۳﴾ ع اَلَّذِیۡنَ یُنۡفِقُوۡنَ اَمۡوَالَہُمۡ بِالَّیۡلِ وَ النَّہَارِ سِرًّا ۴۷ ع ۵

عَلِیۡمٌ ﴿۲۷۳﴾	اَلَّذِیۡنَ	یُنۡفِقُوۡنَ	اَمۡوَالَہُمۡ	بِالَّیۡلِ	وَ	النَّہَارِ	سِرًّا
جاننے والا	وہ لوگ جو	خرچ کرتے ہیں	اپنے اموال	رات میں	اور	دن (میں)	پوشیدہ

جانتا ہے ○ وہ لوگ جو رات میں اور دن میں، پوشیدہ اور اعلانیہ اپنے مال

وَّ عَلَانِیَۃً فَلَہُمۡ اَجۡرُہُمۡ عِنۡدَ رَبِّہِمۡ ۚ وَ لَا خَوۡفٌ

وَّ	عَلَانِیَۃً	فَلَہُمۡ	اَجۡرُہُمۡ	عِنۡدَ	رَبِّہِمۡ	وَ	لَا	خَوۡفٌ
اور	اعلانیہ	تو ان کے لئے	ان کا اجر	پاس	ان کے رب (کے)	اور	نہیں	کوئی خوف

خیرات کرتے ہیں ان کے لئے ان کا اجر ان کے رب کے پاس ہے۔ ان پر نہ کوئی خوف

عنوان: پوشیدہ اور اعلانیہ مال خرچ کرنے والوں کا اجر و ثواب

(1) ...... انہی حضرات کی صف میں وہ علماء و طلبہ و مبلغین و خادمین دین داخل ہیں جو دینی کاموں میں مشغولیت کی وجہ سے کمانے کی فرصت نہیں پاتے۔ یہ لوگ اپنی عزت و وقار اور مروت کی وجہ سے لوگوں سے سوال بھی نہیں کرتے اور اپنے فقر کو بھی چھپاتے ہیں جس کی وجہ سے لوگ سمجھتے ہیں کہ ان کا گزارا بہت اچھا ہو رہا ہے لیکن حقیقت اس کے برعکس ہوتی ہے کہ تحقیق کرنے سے ان کی زندگیوں کا مشقت سے بھرپور ہونا بہت سی علامات و قرائن سے معلوم ہو جائے گا۔

عَلَيْهِمْ وَلَا هُمْ يَحْزَنُوْنَ ﴿۲۷۴﴾ اَلَّذِيْنَ يَاْكُلُوْنَ الرِّبٰوا

عَلَيْهِمْ	وَ	لَا	هُمْ	يَحْزَنُوْنَ ﴿۲۷۴﴾	اَلَّذِيْنَ	يَاْكُلُوْنَ	الرِّبٰوا (1)
ان پر	اور	نہ	وہ	غمگین ہوں گے	وہ لوگ جو	کھاتے ہیں	سود

ہو گا اور نہ وہ غمگین ہوں گے ○ جو لوگ سود کھاتے ہیں

لَا يَقُوْمُوْنَ اِلَّا كَمَا يَقُوْمُ الَّذِيْ يَتَخَبَّطُهُ الشَّيْطٰنُ

لَا يَقُوْمُوْنَ	اِلَّا	كَمَا	يَقُوْمُ	الَّذِيْ	يَتَخَبَّطُهُ	الشَّيْطٰنُ
وہ کھڑے نہیں ہوں گے	مگر	جس طرح	کھڑا ہوتا ہے	جو (جسے)	پاگل بنا دے اسے	شیطان

وہ قیامت کے دن نہ کھڑے ہوں گے مگر اس شخص کے کھڑے ہونے کی طرح جسے آسیب نے چھو کر

مِنَ الْمَسِّ ؕ ذٰلِكَ بِاَنَّهُمْ قَالُوْۤا اِنَّمَا الْبَيْعُ

مِنَ	الْمَسِّ	ذٰلِكَ	بِاَنَّهُمْ	قَالُوْۤا	اِنَّمَا	الْبَيْعُ
سے	چھونے	یہ (سزا)	(اس) وجہ سے کہ وہ	انہوں نے کہا	صرف، ہی	خرید و فروخت، تجارت

پاگل بنا دیا ہو۔ یہ سزا اس وجہ سے ہے کہ انہوں نے کہا: خرید و فروخت بھی تو

مِثْلُ الرِّبٰوا ۘ وَ اَحَلَّ اللّٰهُ الْبَيْعَ وَ حَرَّمَ الرِّبٰوا ؕ

مِثْلُ الرِّبٰوا	وَ	اَحَلَّ	اللّٰهُ	الْبَيْعَ	وَ	حَرَّمَ	الرِّبٰوا (2)
سود کی مثل (ہے)	اور (حالانکہ)	حلال فرمائی	اللّٰه (نے)	خرید و فروخت	اور	حرام کیا	سود

سود ہی کی طرح ہے حالانکہ اللّٰه نے خرید و فروخت کو حلال کیا اور سود کو حرام کیا

فَمَنْ جَآءَهٗ مَوْعِظَةٌ مِّنْ رَّبِّهٖ فَانْتَهٰى

فَمَنْ	جَآءَهٗ	مَوْعِظَةٌ	مِّنْ	رَّبِّهٖ	فَانْتَهٰى
تو جس شخص	آئے اس کے پاس	کوئی نصیحت	کی طرف سے	اس کے رب	پھر وہ رک گیا، باز آ گیا

تو جس کے پاس اس کے رب کی طرف سے نصیحت آئی پھر وہ باز آ گیا

عنوان: سود خوروں کا بیان اور ان کا انجام

(1)...... اس آیت میں مال کے ذریعے اللّٰه تعالیٰ کا غضب اور جہنم کمانے والوں کے ایک بڑے طبقے یعنی سود خوروں کا ذکر اور انجام بیان کیا گیا ہے۔

(2)...... یہاں سود خوروں کا وہ شبہ بیان کیا جا رہا ہے جو زمانہ اسلام سے پہلے سے لے کر آج تک چلا آ رہا ہے۔ وہ یہ کہ تجارت اور سود میں کیا فرق ہے؟ دونوں ایک جیسے تو ہیں۔ تجارت میں کوئی سامان دے کر نفع حاصل کیا جاتا ہے اور سود میں رقم دے کر نفع حاصل کیا جاتا ہے حالانکہ دونوں میں بہت فرق ہے اور مسلمان کیلئے سب سے بڑا فرق یہ ہے کہ اللّٰه تعالیٰ نے تجارت کو حلال کیا ہے اور سود کو حرام کیا ہے۔

فَلَهٗ مَا سَلَفَ ؕ وَ اَمْرُهٗۤ اِلَى اللّٰهِ ؕ وَ

فَلَهٗ	مَا	سَلَفَ (1)	وَ	اَمْرُهٗۤ	اِلَى	اللّٰهِ	وَ
تو اس کے لئے	وہ جو	پہلے گزر چکا (لے چکا)	اور	اس کا معاملہ	کی طرف (کے سپرد)	اللہ	اور

تو اس کیلئے حلال ہے وہ جو پہلے گزر چکا اور اس کا معاملہ اللہ کے سپرد ہے اور

مَنْ عَادَ فَاُولٰٓىِٕكَ اَصْحٰبُ النَّارِ ۚ هُمْ فِيْهَا خٰلِدُوْنَ ﴿۲۷۵﴾

مَنْ	عَادَ	فَاُولٰٓىِٕكَ	اَصْحٰبُ النَّارِ	هُمْ	فِيْهَا	خٰلِدُوْنَ ﴿۲۷۵﴾ (2)
جو	لوٹے (دوبارہ سود کھائے)	تو یہ لوگ	آگ والے	وہ	اس میں	ہمیشہ رہنے والے

جو دوبارہ ایسی حرکت کریں گے تو وہ دوزخی ہیں، وہ اس میں مدتوں رہیں گے ○

يَمْحَقُ اللّٰهُ الرِّبٰوا وَ يُرْبِي الصَّدَقٰتِ ؕ وَ اللّٰهُ لَا يُحِبُّ

يَمْحَقُ	اللّٰهُ	الرِّبٰوا	وَ	يُرْبِي	الصَّدَقٰتِ	وَ	اللّٰهُ	لَا يُحِبُّ
مٹاتا ہے	اللہ	سود	اور	بڑھاتا ہے	صدقات	اور	اللہ	پسند نہیں کرتا

اللہ سود کو مٹاتا ہے اور صدقات کو بڑھاتا ہے اور اللہ کسی ناشکرے،

كُلَّ كَفَّارٍ اَثِيْمٍ ﴿۲۷۶﴾ اِنَّ الَّذِيْنَ اٰمَنُوْا وَ عَمِلُوا

كُلَّ كَفَّارٍ	اَثِيْمٍ ﴿۲۷۶﴾	اِنَّ	الَّذِيْنَ	اٰمَنُوْا	وَ	عَمِلُوا
ہر بڑے ناشکرے	بڑے گنہگار (کو)	بیشک	وہ لوگ جو	ایمان لائے	اور	عمل کئے

بڑے گنہگار کو پسند نہیں کرتا ○ بیشک وہ لوگ جو ایمان لائے اور انہوں نے اچھے

الصّٰلِحٰتِ وَ اَقَامُوا الصَّلٰوةَ وَ اٰتَوُا الزَّكٰوةَ لَهُمْ

الصّٰلِحٰتِ	وَ	اَقَامُوا	الصَّلٰوةَ	وَ	اٰتَوُا	الزَّكٰوةَ	لَهُمْ
اچھے، نیک	اور	قائم کی	نماز	اور	ادا کی، دی	زکوٰۃ	ان کے لئے

کام کئے اور نماز قائم کی اور زکوٰۃ دی

عنوان: اللہ تعالیٰ سود کو مٹاتا اور صدقہ وخیرات کو زیادہ کرتا ہے — باعمل مسلمانوں کا اجر وثواب

(1) ...... سود کا لین دین چونکہ ایک عرصے سے چلتا آرہا تھا تو فرمایا گیا کہ جب حکمِ الٰہی نازل ہوگیا تو اب اس پر عمل کرتے ہوئے جو آئندہ سود لینے سے باز آگیا تو حرمت کا حکم نازل ہونے سے پہلے جو وہ لیتا رہا اس پر اس کی کوئی گرفت نہ ہوگی اور اس کی معافی کا معاملہ اللہ تعالیٰ کے حوالے ہے۔

(2) ...... سود کو حلال سمجھ کر کھانے والا کافر ہے کیونکہ یہ حرام قطعی ہے اور کسی بھی حرام قطعی کو حلال جاننے والا کافر ہے اور ایسا شخص ہمیشہ جہنم میں رہے گا اور جو شخص سود کو حرام سمجھتے ہوئے کھائے تو وہ سخت گناہگار ہے اور عرصۂ دراز تک جہنم میں رہے گا۔

اَجْرُهُمْ عِنْدَ رَبِّهِمْ ۚ وَلَا خَوْفٌ عَلَيْهِمْ وَلَا هُمْ

اَجْرُهُمْ	عِنْدَ	رَبِّهِمْ	وَ	لَا	خَوْفٌ	عَلَيْهِمْ	وَ	لَا	هُمْ
ان کا اجر	پاس	ان کے رب (کے)	اور	نہیں	کوئی خوف	ان پر	اور	نہ	وہ

ان کا اجر ان کے رب کے پاس ہے اور ان پر نہ کوئی خوف ہو گا اور نہ وہ

يَحْزَنُوْنَ ﴿۲۷۷﴾ يٰۤاَيُّهَا الَّذِيْنَ اٰمَنُوا اتَّقُوا اللّٰهَ وَذَرُوْا

يَحْزَنُوْنَ ﴿۲۷۷﴾	يٰۤاَيُّهَا	الَّذِيْنَ	اٰمَنُوْا	اتَّقُوا	اللّٰهَ	وَ	ذَرُوْا
غمگین ہوں گے	اے	وہ لوگو جو	ایمان لائے	ڈرتے رہو	اللہ (سے)	اور	چھوڑ دو

غمگین ہوں گے ○ اے ایمان والو! اگر تم ایمان والے ہو تو اللہ سے ڈرو اور

مَا بَقِيَ مِنَ الرِّبٰٓوا اِنْ كُنْتُمْ مُّؤْمِنِيْنَ ﴿۲۷۸﴾ فَاِنْ لَّمْ تَفْعَلُوْا

مَا	بَقِيَ	مِنَ	الرِّبٰوا	اِنْ	كُنْتُمْ	مُّؤْمِنِيْنَ ﴿۲۷۸﴾	فَاِنْ	لَّمْ تَفْعَلُوْا
وہ جو	باقی رہ گیا	سے	سود	اگر	تم ہو	ایمان والے	پھر اگر	تم نہ کرو (ایسا)

جو سود باقی رہ گیا ہے اسے چھوڑ دو ○ پھر اگر تم ایسا نہیں کرو گے

فَاْذَنُوْا بِحَرْبٍ مِّنَ اللّٰهِ وَرَسُوْلِهٖ ۚ وَاِنْ

فَاْذَنُوْا (1)	بِحَرْبٍ	مِّنَ	اللّٰهِ	وَ	رَسُوْلِهٖ	وَ	اِنْ
تو جان لو، یقین کر لو	لڑائی کا	کی طرف سے	اللہ	اور	اس کے رسول	اور	اگر

تو اللہ اور اللہ کے رسول کی طرف سے لڑائی کا یقین کر لو اور اگر

تُبْتُمْ فَلَكُمْ رُءُوْسُ اَمْوَالِكُمْ ۚ لَا تَظْلِمُوْنَ وَ

تُبْتُمْ	فَلَكُمْ	رُءُوْسُ اَمْوَالِكُمْ	لَا تَظْلِمُوْنَ	وَ
تم توبہ کرو	تو تمہارے لئے	اپنے مالوں کا اصل حصہ	نہ تم ظلم کرو (نہ نقصان پہنچاؤ)	اور

تم توبہ کرو تو تمہارے لئے اپنا اصل مال لینا جائز ہے۔ نہ تم کسی کو نقصان پہنچاؤ اور

عنوان: مسلمانوں کو اللہ تعالیٰ سے ڈرنے اور بقایا سود نہ لینے کا حکم | سود خوروں کو اللہ تعالیٰ اور اس کے رسول سے جنگ کی شدید وعید

(1) ...... یہ شدید ترین وعید ہے، کس کی مجال کہ اللہ تعالیٰ اور اس کے رسول صَلَّی اللّٰہُ تَعَالٰی عَلَیْہِ وَاٰلِہٖ وَسَلَّم سے لڑائی کا تصور بھی کرے، چنانچہ جب یہ آیت نازل ہوئی تو جن اصحاب کا سودی معاملہ تھا انہوں نے اپنے سودی مطالبات چھوڑ دیئے اور سود لینے دینے سے توبہ کر لی۔ لیکن آج کل کے نام نہاد مسلمان دانشوروں کا حال یہ ہے کہ وہ توبہ کی بجائے آگے سے خود اللہ تعالیٰ کو اعلانِ جنگ کر رہے ہیں اور سود کی اہمیت و ضرورت پر کتابیں، آرٹیکل، مضامین اور کالم لکھ رہے ہیں۔

لَا تُظْلَمُوْنَ ﴿۲۷۹﴾ وَ اِنْ كَانَ ذُوْ عُسْرَةٍ فَنَظِرَةٌ اِلٰى

لَا تُظْلَمُوْنَ ﴿۲۷۹﴾ (1)	وَ	اِنْ	كَانَ	ذُوْ عُسْرَةٍ	فَنَظِرَةٌ	اِلٰى
نہ تم پر ظلم کیا جائے (نہ نقصان اٹھاؤ)	اور	اگر	ہو	تنگی والا، مفلس (مقروض)	تو مہلت دینا	تک

نہ تمہیں نقصان ہو ○ اور اگر مقروض تنگدست ہو تو اسے آسانی تک مہلت دو

مَيْسَرَةٍ ؕ وَ اَنْ تَصَدَّقُوْا خَيْرٌ لَّكُمْ اِنْ

مَيْسَرَةٍ	وَ	اَنْ	تَصَدَّقُوْا	خَيْرٌ (2)	لَّكُمْ	اِنْ
آسانی	اور	یہ کہ	تم (قرض) صدقہ کر دو	سب سے بہتر (ہے)	تمہارے لئے	اگر

اور تمہارا قرض کو صدقہ کر دینا تمہارے لئے سب سے بہتر ہے اگر

كُنْتُمْ تَعْلَمُوْنَ ﴿۲۸۰﴾ وَ اتَّقُوْا يَوْمًا تُرْجَعُوْنَ فِيْهِ

كُنْتُمْ تَعْلَمُوْنَ ﴿۲۸۰﴾	وَ	اتَّقُوْا	يَوْمًا	تُرْجَعُوْنَ	فِيْهِ
تم جان لیتے	اور	ڈرو	(اس) دن (سے)	لوٹائے جاؤ گے	اس میں

تم جان لو ○ اور اس دن سے ڈرو جس میں تم اللہ کی طرف

اِلَى اللّٰهِ ۗ ثُمَّ تُوَفّٰى كُلُّ نَفْسٍ مَّا كَسَبَتْ وَ

اِلَى	اللّٰهِ	ثُمَّ	تُوَفّٰى	كُلُّ نَفْسٍ	مَّا	كَسَبَتْ	وَ
کی طرف	اللہ	پھر	بھرپور دیا جائے گا (بدلہ)	ہر جان (کو)	(اس کا) جو	اس نے کمایا	اور

لوٹائے جاؤ گے پھر ہر جان کو اس کی کمائی بھرپور دی جائے گی اور

هُمْ لَا يُظْلَمُوْنَ ﴿۲۸۱﴾ ع يٰۤاَيُّهَا الَّذِيْنَ اٰمَنُوْۤا اِذَا

هُمْ	لَا يُظْلَمُوْنَ ﴿۲۸۱﴾	يٰۤاَيُّهَا	الَّذِيْنَ	اٰمَنُوْۤا	اِذَا
وہ	ظلم نہیں کئے جائیں گے	اے	وہ لوگو جو	ایمان لائے	جب

ان پر ظلم نہیں ہوگا ○ اے ایمان والو! جب

عنوان: تنگدست قرض دار کو مہلت دینے اور قرض معاف کر دینے کی ترغیب — قیامت کے ہولناک دن سے ڈرنے کا حکم — ادھار کا معاملہ لکھ لینے کا حکم

(1) ...... یہ آیت اگرچہ سود کے حوالے سے ہے لیکن عمومی زندگی میں بھی شریعت اور عقل کا تقاضا یہ ہے کہ نہ ظلم کیا جائے اور نہ ظلم برداشت کیا جائے یعنی ظلم کو ختم کرنے کی کوشش کرنی چاہئے کیونکہ بعض اوقات ظلم کو برداشت کرنا ظالم کو مزید جری کرتا ہے، ہاں جہاں عفو و درگزر کی صورت بنتی ہو وہاں اسے اختیار کیا جائے۔

(2) ...... معلوم ہوا کہ قرض دار اگر تنگ دست یا نادار ہو تو اس کو مہلت دینا یا قرض کا کچھ حصہ یا پورا قرضہ معاف کر دینا اجر عظیم کا سبب ہے۔ اس کے مزید فضائل جاننے کے لئے تفسیر صراط الجنان، ج ۱، ص ۱۴۷ کا مطالعہ فرمائیں۔

تَدَايَنْتُمْ بِدَيْنٍ اِلٰٓى اَجَلٍ مُّسَمًّى فَاكْتُبُوْهُ ؕ وَلْيَكْتُبْ

تَدَايَنْتُمْ	بِدَيْنٍ	اِلٰٓى	اَجَلٍ	مُّسَمًّى	فَاكْتُبُوْهُ (1)	وَ	لْيَكْتُبْ
لین دین کرو	قرض کا	تک	مدت	مقررہ	تو لکھ لو اسے	اور	چاہئے کہ لکھے

تم ایک مقررہ مدت تک کسی قرض کا لین دین کرو تو اسے لکھ لیا کرو اور تمہارے درمیان

بَّيْنَكُمْ كَاتِبٌۢ بِالْعَدْلِ ۪ وَلَا يَاْبَ كَاتِبٌ اَنْ

بَّيْنَكُمْ	كَاتِبٌ	بِالْعَدْلِ	وَ	لَا يَاْبَ	كَاتِبٌ	اَنْ
تمہارے درمیان	لکھنے والا	انصاف کے ساتھ	اور	انکار نہ کرے	لکھنے والا	(اس سے) کہ

کسی لکھنے والے کو انصاف کے ساتھ (معاہدہ) لکھنا چاہئے اور لکھنے والا لکھنے سے انکار نہ کرے

يَّكْتُبَ كَمَا عَلَّمَهُ اللّٰهُ فَلْيَكْتُبْ ۚ وَلْيُمْلِلِ

يَّكْتُبَ	كَمَا	عَلَّمَهُ	اللّٰهُ	فَلْيَكْتُبْ	وَ	لْيُمْلِلِ
لکھے	جیسے	سکھایا اسے	اللہ (نے)	پس اسے لکھ دینا چاہئے	اور	وہ لکھوائے

جیسا کہ اسے اللہ نے سکھایا ہے تو اسے لکھ دینا چاہئے اور جس شخص پر

الَّذِيْ عَلَيْهِ الْحَقُّ وَلْيَتَّقِ اللّٰهَ رَبَّهٗ

الَّذِيْ	عَلَيْهِ	الْحَقُّ	وَ	لْيَتَّقِ	اللّٰهَ	رَبَّهٗ
جس	اس پر	حق (قرض ہے)	اور	اسے ڈرنا چاہئے	اللہ (سے)	اپنے رب (سے)

حق لازم آتا ہے وہ لکھاتا جائے اور اللہ سے ڈرے جو اس کا رب ہے

وَلَا يَبْخَسْ مِنْهُ شَيْـًٔا ؕ فَاِنْ كَانَ الَّذِيْ عَلَيْهِ

وَ	لَا يَبْخَسْ	مِنْهُ	شَيْـًٔا	فَاِنْ	كَانَ	الَّذِيْ	عَلَيْهِ
اور	کم نہ کرے	اس (قرض) سے	کچھ	پھر اگر	ہو	وہ جس	اس پر

اور اس حق میں سے کچھ کمی نہ کرے پھر جس پر حق آتا ہے اگر وہ

عنوان کاتب انصاف کے ساتھ لکھے اور لکھنے سے انکار نہ کرے | معاہدہ انصاف کے ساتھ لکھنا چاہئے

جو لکھنے پر قادر نہ ہو وہ دوسرے سے لکھوالے

(1) ...... جب ادھار کا کوئی معاملہ ہو، خواہ قرض کا لین دین ہو یا خرید و فروخت، رقم پہلے دی ہو اور مال بعد میں لینا ہے یا مال ادھار پر دیدیا اور رقم بعد میں وصول کرنی ہے، یونہی دکان یا مکان کرایہ پر لیتے ہوئے ایڈوانس یا کرایہ کا معاملہ ہو، اس طرح کی تمام صورتوں میں معاہدہ لکھ لینا چاہئے۔ یہ حکم واجب نہیں لیکن اس پر عمل کرنا بہت سی تکالیف سے بچاتا ہے جبکہ ہمارے زمانے میں تو اس حکم پر عمل کرنا انتہائی اہم ہو چکا ہے۔

الْحَقُّ سَفِيهًا اَوْ ضَعِيفًا اَوْ لَا يَسْتَطِيعُ اَنْ يُّمِلَّ							
يُّمِلَّ	اَنْ	لَا يَسْتَطِيعُ	اَوْ	ضَعِيفًا	اَوْ	سَفِيهًا	الْحَقُّ
لکھوائے	کہ	طاقت نہ رکھتا ہو	یا	کمزور	یا	ناسمجھ، کم عقل	حق (قرض ہے)

بے عقل یا کمزور ہو یا لکھوانہ سکتا ہو

هُوَ فَلْيُمْلِلْ وَلِيُّهٗ بِالْعَدْلِ ؕ وَاسْتَشْهِدُوْا					
اسْتَشْهِدُوْا (2)	وَ	بِالْعَدْلِ	وَلِيُّهٗ (1)	فَلْيُمْلِلْ	هُوَ
گواہ بنالو	اور	انصاف کے ساتھ	اس کا ولی، سرپرست	تو چاہئے کہ لکھوائے	وہ

تو اس کا ولی انصاف کے ساتھ لکھوادے اور اپنے

شَهِيدَيْنِ مِنْ رِّجَالِكُمْ ۚ فَاِنْ لَّمْ يَكُوْنَا رَجُلَيْنِ					
رَجُلَيْنِ	لَّمْ يَكُوْنَا	فَاِنْ	رِّجَالِكُمْ	مِنْ	شَهِيدَيْنِ
دو مرد	نہ ہوں	پھر اگر	اپنے مردوں	سے	دو گواہ

مردوں میں سے دو گواہ بنالو پھر اگر دو مرد نہ ہوں

فَرَجُلٌ وَّامْرَاَتٰنِ مِمَّنْ تَرْضَوْنَ مِنَ الشُّهَدَآءِ						
الشُّهَدَآءِ	مِنَ	تَرْضَوْنَ	مِمَّنْ	امْرَاَتٰنِ	وَّ	فَرَجُلٌ
گواہوں	سے	تم راضی ہو	جن سے	دو عورتیں	اور	تو ایک مرد

تو ایک مرد اور دو عورتیں ان گواہوں میں سے (منتخب کرلو) جنہیں تم پسند کرو

اَنْ تَضِلَّ اِحْدٰىهُمَا فَتُذَكِّرَ اِحْدٰىهُمَا الْاُخْرٰى ؕ					
الْاُخْرٰى	اِحْدٰىهُمَا	فَتُذَكِّرَ	اِحْدٰىهُمَا	تَضِلَّ	اَنْ
دوسری	ان میں سے ایک (کو)	تو یاد دلادے	ان میں سے ایک	بھول جائے	کہ

تا کہ (اگر) ان میں سے ایک عورت بھولے تو دوسری اسے یاد دلادے،

عنوان معاہدہ لکھنے کے بعد اس پر گواہ بنالئے جائیں

(1)..... اگر کسی کو خود لکھنا نہیں آتا جیسے کوئی بچہ ہے یا انتہائی بوڑھا یا نابینا وغیرہ ہے تو وہ دوسرے سے لکھوالے اور جسے لکھنے کا کہا جائے اسے لکھنے سے انکار نہیں کرنا چاہئے کیونکہ یہ لکھنا لوگوں کی مدد کرنا ہے اور لکھنے والے کا اس میں کوئی نقصان بھی نہیں تو مفت کا ثواب کیوں چھوڑے۔ (2)..... لین دین کا معاہدہ لکھنے کے بعد اس پر گواہ بھی بنالینے چاہئیں تا کہ بوقتِ ضرورت کام آئیں۔ گواہ دو مرد یا ایک مرد اور دو عورتیں ہونی چاہئیں۔

وَلَا يَاْبَ الشُّهَدَآءُ اِذَا مَا دُعُوْا ؕ وَلَا تَسْـَٔمُوْۤا

لَا تَسْـَٔمُوْۤا (1)	وَ	دُعُوْا	اِذَا مَا	الشُّهَدَآءُ	لَا يَاْبَ	وَ
تم اکتاؤ نہیں	اور	بلائے جائیں	جب	گواہ	انکار نہ کریں	اور

اور جب گواہوں کو بلایا جائے تو وہ آنے سے انکار نہ کریں اور

اَنْ تَكْتُبُوْهُ صَغِيْرًا اَوْ كَبِيْرًا اِلٰۤى اَجَلِهٖ ؕ

اَجَلِهٖ	اِلٰۤى	كَبِيْرًا	اَوْ	صَغِيْرًا	تَكْتُبُوْهُ	اَنْ
اس کی مدت	تک	بڑا	یا	چھوٹا (ہو قرض)	لکھواسے	(اس سے) کہ

قرض چھوٹا ہو یا بڑا اسے اس کی مدت تک لکھنے میں اکتاؤ نہیں۔

ذٰلِكُمْ اَقْسَطُ عِنْدَ اللّٰهِ وَاَقْوَمُ لِلشَّهَادَةِ

لِلشَّهَادَةِ	اَقْوَمُ	وَ	عِنْدَ اللّٰهِ	اَقْسَطُ	ذٰلِكُمْ
گواہی کو	زیادہ قائم رکھنے والا	اور	اللہ کے نزدیک	زیادہ انصاف والا ہے	یہ (جو کچھ بیان ہوا)

یہ اللہ کے نزدیک زیادہ انصاف کی بات ہے اور اس میں گواہی خوب ٹھیک رہے گی

وَاَدْنٰۤى اَلَّا تَرْتَابُوْۤا اِلَّاۤ اَنْ تَكُوْنَ تِجَارَةً

تِجَارَةً	تَكُوْنَ	اَنْ	اِلَّاۤ	اَلَّا تَرْتَابُوْۤا	اَدْنٰۤى	وَ
تجارت (کا)	ہو (معاملہ)	یہ کہ	مگر	(اس سے) کہ تم شک میں نہ پڑو	زیادہ قریب ہے	اور

اور یہ اس سے قریب ہے کہ تم (بعد میں) شک میں نہ پڑو (ہر معاہدہ لکھا کرو) مگر یہ کہ کوئی

حَاضِرَةً تُدِيْرُوْنَهَا بَيْنَكُمْ فَلَيْسَ عَلَيْكُمْ

عَلَيْكُمْ	فَلَيْسَ	بَيْنَكُمْ	تُدِيْرُوْنَهَا	حَاضِرَةً
تمہارے اوپر	تو نہیں	اپنے درمیان (آپس میں)	لیتے دیتے ہو اسے	موجود، ہاتھوں ہاتھ

ہاتھوں ہاتھ سودا ہو جس کا تم آپس میں لین دین کرو تو اس کے نہ لکھنے میں تم پر کوئی

عنوان: چھوٹے بڑے ہر قرض کو لکھ لینا مفید ہے — ہاتھوں ہاتھ تجارت ہو تو نہ لکھنے میں حرج نہیں

1 ...... قرض کے معاملات لکھنے میں سستی نہیں کرنی چاہئے بلکہ قرض چھوٹا ہو یا بڑا، اس کی مقدار، نوعیت اور مدت تک لکھ لینی چاہئے اس کا ایک فائدہ یہ ہے کہ اللہ تعالیٰ کے نزدیک یہ بہت انصاف کی بات ہے جس سے بندوں کے حقوق محفوظ ہوتے ہیں، دوسرا فائدہ یہ ہے کہ اس سے گواہی ٹھیک اور آسان رہے گی، تیسرا فائدہ یہ ہے کہ معاملہ صاف رہے گا اور ایک دوسرے کے دل میں کدورت پیدا نہ ہوگی۔

جُنَاحٌ اَلَّا تَكْتُبُوْهَا ؕ وَاَشْهِدُوْۤا اِذَا تَبَايَعْتُمْ ۪

جُنَاحٌ	اَلَّا تَكْتُبُوْهَا	وَ	اَشْهِدُوْۤا	اِذَا	تَبَايَعْتُمْ
کوئی گناہ، کوئی حرج	کہ نہ لکھو تم اسے	اور	گواہ بنالیا کرو	جب	تم آپس میں خرید وفروخت کرو

حرج نہیں اور جب خرید وفروخت کرو تو گواہ بنالیا کرو

وَلَا يُضَآرَّ كَاتِبٌ وَّلَا شَهِيْدٌ ؕ۬ وَاِنْ

وَ	لَا يُضَآرَّ (1)	كَاتِبٌ	وَّ	لَا	شَهِيْدٌ	وَ	اِنْ
اور	نہ نقصان پہنچایا جائے (یا) نہ نقصان پہنچائے	لکھنے والا	اور	نہ	گواہ	اور	اگر

اور نہ کسی لکھنے والے کو کوئی نقصان پہنچایا جائے اور نہ گواہ کو (یا نہ لکھنے والا کوئی نقصان پہنچائے اور نہ گواہ) اور اگر

تَفْعَلُوْا فَاِنَّهٗ فُسُوْقٌۢ بِكُمْ ؕ وَاتَّقُوا اللّٰهَ ؕ وَ

تَفْعَلُوْا	فَاِنَّهٗ	فُسُوْقٌۢ	بِكُمْ	وَ	اتَّقُوا	اللّٰهَ	وَ
تم کروگے (ایسا)	تو بیشک وہ	نافرمانی (ہوگی)	تمہاری	اور	ڈرو	اللہ (سے)	اور

تم ایسا کروگے تو یہ تمہاری نافرمانی ہوگی اور اللہ سے ڈرو اور

يُعَلِّمُكُمُ اللّٰهُ ؕ وَاللّٰهُ بِكُلِّ شَيْءٍ عَلِيْمٌ ﴿۲۸۲﴾ وَاِنْ كُنْتُمْ

يُعَلِّمُكُمُ	اللّٰهُ	وَ	اللّٰهُ	بِكُلِّ شَيْءٍ	عَلِيْمٌ ﴿۲۸۲﴾	وَ	اِنْ	كُنْتُمْ
سکھاتا ہے تمہیں	اللہ	اور	اللہ	ہر چیز کو	جاننے والا	اور	اگر	تم ہو

اللہ تمہیں سکھاتا ہے اور اللہ سب کچھ جانتا ہے ○ اور اگر تم

عَلٰى سَفَرٍ وَّلَمْ تَجِدُوْا كَاتِبًا فَرِهٰنٌ مَّقْبُوْضَةٌ ؕ فَاِنْ

عَلٰى سَفَرٍ	وَّ	لَمْ تَجِدُوْا	كَاتِبًا	فَرِهٰنٌ	مَّقْبُوْضَةٌ	فَاِنْ
سفر پر	اور	نہ پاؤ	لکھنے والا	تو گروی چیز (ہو)	قبضے میں دی ہوئی	پس اگر

سفر میں ہو اور لکھنے والا نہ پاؤ تو (قرض خواہ کے) قبضے میں گروی چیز ہو اور اگر

عنوان: سودا کرتے وقت گواہ بنانے اور کاتب وگواہ کو نقصان نہ پہنچانے کا حکم — حالت سفر میں کاتب نہ ملے تو کوئی چیز گروی رکھ دی جائے

(1) عربی کے اعتبار سے لفظ "یُضَآرَّ" کو معروف اور مجہول دونوں معنوں میں لیا جاسکتا ہے۔ مجہول کے اعتبار سے معنٰی ہوگا کہ کاتبوں اور گواہوں کو نقصان نہ پہنچایا جائے۔ معروف پڑھنے کی صورت میں معنٰی یہ ہوگا کہ کاتب اور گواہ لین دین کرنے والوں کو نقصان نہ پہنچائیں۔

اٰمِنَ بَعْضُكُمْ بَعْضًا فَلْيُؤَدِّ الَّذِی اؤْتُمِنَ

اٰمِنَ	بَعْضُكُمْ	بَعْضًا	فَلْيُؤَدِّ	الَّذِی	اؤْتُمِنَ
اطمینان ہو	تمہارے بعض (کو)	بعض (پر)	تو چاہئے کہ ادا کر دے	جسے	امانت دار سمجھا گیا

تمہیں ایک دوسرے پر اطمینان ہو تو وہ (مقروض) جسے امانت دار سمجھا گیا تھا وہ

اَمَانَتَهٗ وَلْيَتَّقِ اللّٰهَ رَبَّهٗ ؕ وَلَا تَكْتُمُوا

اَمَانَتَهٗ	وَ	لْيَتَّقِ	اللّٰهَ	رَبَّهٗ	وَ	لَا تَكْتُمُوا
اپنی امانت	اور	چاہیے کہ ڈرے	اللہ (سے)	اپنے رب (سے)	اور	نہ چھپاؤ

اپنی امانت ادا کر دے اور اللہ سے ڈرے جو اس کا رب ہے اور گواہی

الشَّهَادَةَ ؕ وَمَنْ يَّكْتُمْهَا فَاِنَّهٗٓ اٰثِمٌ قَلْبُهٗ ؕ وَ

الشَّهَادَةَ	وَ	مَنْ	يَّكْتُمْهَا	فَاِنَّهٗٓ	اٰثِمٌ	قَلْبُهٗ	وَ
گواہی	اور	جو	چھپائے اسے	پس بیشک وہ	گناہ گار (ہے)	اس کا دل	اور

نہ چھپاؤ اور جو گواہی چھپائے گا تو اس کا دل گنہگار ہے اور

اللّٰهُ بِمَا تَعْمَلُوْنَ عَلِيْمٌ ۝٢٨٣ ع لِلّٰهِ مَا فِی السَّمٰوٰتِ

اللّٰهُ	بِمَا	تَعْمَلُوْنَ	عَلِيْمٌ ۝٢٨٣ (1)	لِلّٰهِ	مَا	فِی السَّمٰوٰتِ
اللہ	ساتھ جو (اسے جو)	تم کرتے ہو	جاننے والا	اللہ کے لئے	جو کچھ	آسمانوں میں

اللہ تمہارے کاموں کو خوب جاننے والا ہے ○ جو کچھ آسمانوں میں ہے

وَمَا فِی الْاَرْضِ ؕ وَاِنْ تُبْدُوْا مَا فِیْٓ اَنْفُسِكُمْ

وَ	مَا	فِی الْاَرْضِ	وَ	اِنْ	تُبْدُوْا	مَا	فِیْٓ	اَنْفُسِكُمْ
اور	جو کچھ	زمین میں	اور	اگر	تم ظاہر کرو	وہ جو	میں	تمہارے دلوں

اور جو کچھ زمین میں ہے سب اللہ ہی کا ہے اور جو کچھ تمہارے دل میں ہے اگر تم اسے ظاہر کرو

عنوان: گواہی چھپانے کی ممانعت | اللہ تعالیٰ بندوں کے اعمال اور پختہ نیتوں کا محاسبہ فرمائے گا

(1) ..... آیت نمبر 282 اور 283 پر غور کریں اور سمجھیں کہ اللہ تعالیٰ نے ہمارے خالصتاً دنیوی مالی معاملات میں بھی ہمیں کتنے واضح حکم ارشاد فرمائے ہیں۔ اس سے معلوم ہوا کہ ہمارا دین کامل ہے کہ اس میں عقائد وعبادات کے ساتھ معاملات تک کا بھی بیان ہے اور حقوق العباد نہایت اہم ہیں کہ اللہ تعالیٰ نے نہایت وضاحت سے ان کا بیان فرمایا ہے۔ نیز شریعت کے احکام میں بے پناہ حکمتیں ہیں اور ان میں ہماری بہت زیادہ بھلائی ہے۔

اَوْ تُخْفُوْهُ يُحَاسِبْكُمْ بِهِ اللّٰهُ ؕ فَيَغْفِرُ لِمَنْ

اَوْ	تُخْفُوْهُ	يُحَاسِبْكُمْ (1)	بِهِ	اللّٰهُ	فَيَغْفِرُ	لِمَنْ
یا	چھپاؤ اسے	حساب لے گا تم سے	اس کا	اللہ	تو بخش دے گا	(اس) کے لئے جسے

یا چھپاؤ، اللہ تم سے اس کا حساب لے گا تو جسے چاہے گا بخش دے گا

يَّشَآءُ وَيُعَذِّبُ مَنْ يَّشَآءُ ؕ وَاللّٰهُ عَلٰى كُلِّ شَيْءٍ

يَّشَآءُ	وَ	يُعَذِّبُ	مَنْ	يَّشَآءُ	وَ	اللّٰهُ	عَلٰى كُلِّ شَيْءٍ
وہ چاہے	اور	عذاب دے گا	جسے	وہ چاہے	اور	اللہ	ہر چیز پر

اور جسے چاہے گا سزا دے گا اور اللہ ہر چیز پر

قَدِيْرٌ ﴿٢٨٤﴾ اٰمَنَ الرَّسُوْلُ بِمَآ اُنْزِلَ اِلَيْهِ مِنْ

قَدِيْرٌ ﴿٢٨٤﴾	اٰمَنَ	الرَّسُوْلُ	بِمَآ	اُنْزِلَ	اِلَيْهِ	مِنْ
قدرت والا (ہے)	ایمان لایا	رسول	(اس) پر جو	نازل کیا گیا	اس کی طرف	کی طرف سے

قادر ہے ○ رسول اس پر ایمان لایا جو اس کے رب کی طرف سے اس کی طرف نازل کیا گیا

رَّبِّهٖ وَالْمُؤْمِنُوْنَ ؕ كُلٌّ اٰمَنَ بِاللّٰهِ وَمَلٰٓئِكَتِهٖ

رَّبِّهٖ	وَ	الْمُؤْمِنُوْنَ	كُلٌّ	اٰمَنَ	بِاللّٰهِ	وَ	مَلٰٓئِكَتِهٖ
اس کے رب	اور	ایمان والے	سبھی	ایمان لائے	اللہ پر	اور	اس کے فرشتوں

اور مسلمان بھی۔ سب اللہ پر اور اس کے فرشتوں

وَكُتُبِهٖ وَرُسُلِهٖ ۟ لَا نُفَرِّقُ بَيْنَ اَحَدٍ

وَ	كُتُبِهٖ	وَ	رُسُلِهٖ	لَا نُفَرِّقُ	بَيْنَ اَحَدٍ
اور	اس کی کتابوں	اور	اس کے رسولوں (پر)	ہم فرق نہیں کرتے	کسی ایک کے درمیان

اور اس کی کتابوں اور اس کے رسولوں پر یہ کہتے ہوئے ایمان لائے کہ ہم اس کے کسی رسول پر

عنوان اصول اور ضروریاتِ ایمان کے چار مراتب

(1)...... انسان کے دل میں کئی طرح کے خیالات آتے ہیں جیسے وسوسہ اور عزم وارادہ۔ وسوسوں سے دِل کو خالی کرنا انسان کی قدرت میں نہیں، ان پر مؤاخذہ نہیں ہے۔ دوسرے وہ خیالات جن کو انسان اپنے دل میں جگہ دیتا ہے اور ان کو عمل میں لانے کا قصد وارادہ کرتا ہے ان پر مؤاخذہ ہو گا اور انہی کا بیان اس آیت میں ہے کہ اپنے دلوں میں موجود چیز کو تم ظاہر کرو یا چھپاؤ اللہ تعالیٰ تمہارا ان پر محاسبہ فرمائے گا۔

مِّنْ رُّسُلِهٖ ۚ وَ قَالُوْا سَمِعْنَا وَ اَطَعْنَا ۗ

مِّنْ	رُّسُلِهٖ	وَ	قَالُوْا	سَمِعْنَا	وَ	اَطَعْنَا
سے	اس کے رسولوں	اور	انہوں نے کہا	سنا ہم نے	اور	ہم نے اطاعت کی

ایمان لانے میں فرق نہیں کرتے اور انہوں نے عرض کی: اے ہمارے رب! ہم نے سنا اور مانا،

غُفْرَانَكَ رَبَّنَا وَ اِلَیْكَ الْمَصِیْرُ ﴿۲۸۵﴾

غُفْرَانَكَ	رَبَّنَا	وَ	اِلَیْكَ	الْمَصِیْرُ ﴿۲۸۵﴾
تیری بخشش، معافی (مانگتے ہیں)	اے ہمارے رب	اور	تیری طرف	پھرنا، لوٹ کر آنا (ہے)

(ہم پر) تیری معافی ہو اور تیری ہی طرف پھرنا ہے ○

لَا یُكَلِّفُ اللّٰهُ نَفْسًا اِلَّا وُسْعَهَا ؕ

لَا یُكَلِّفُ (1)	اللّٰهُ	نَفْسًا	اِلَّا	وُسْعَهَا
تکلیف نہیں دیتا، بوجھ نہیں ڈالتا	اللہ	کسی جان (پر)	مگر	اس کی وسعت، طاقت (کے مطابق)

اللہ کسی جان پر اس کی طاقت کے برابر ہی بوجھ ڈالتا ہے۔

لَهَا مَا كَسَبَتْ وَ عَلَیْهَا مَا اكْتَسَبَتْ ؕ رَبَّنَا

لَهَا	مَا	كَسَبَتْ (2)	وَ	عَلَیْهَا	مَا	اكْتَسَبَتْ	رَبَّنَا
اس (جان) کے لئے	جو	اس نے کمایا	اور	اس کے اوپر	جو	اس نے کمایا	اے ہمارے رب

کسی جان نے جو اچھا کمایا وہ اسی کیلئے ہے اور کسی جان نے جو برا کمایا اس کا وبال اسی پر ہے۔ اے ہمارے رب!

لَا تُؤَاخِذْنَاۤ اِنْ نَّسِیْنَاۤ اَوْ اَخْطَاْنَا ۚ رَبَّنَا

لَا تُؤَاخِذْنَاۤ	اِنْ	نَّسِیْنَاۤ	اَوْ	اَخْطَاْنَا	رَبَّنَا
گرفت نہ فرما ہماری	اگر	ہم بھول جائیں	یا	ہم خطا کریں	اے ہمارے رب

اگر ہم بھولیں یا خطا کریں تو ہماری گرفت نہ فرما، اے ہمارے رب!

عنوان لوگوں کو ان کی طاقت کے مطابق ہی حکم دیا جاتا ہے | آدمی کے اچھے عمل کی جزا اور برے عمل کی سزا اسے ہی ملے گی | مسلمانوں کو ایک اہم دعا کی تلقین

(1)...... اللہ تعالیٰ کسی پر طاقت سے زیادہ بوجھ نہیں ڈالتا، لہٰذا غریب پر زکوٰۃ نہیں، نادار پر حج نہیں، نماز میں کھڑا نہ ہوسکنے والے پر قیام فرض نہیں، معذور پر جہاد نہیں الغرض اس طرح کے بہت سے احکام معلوم کئے جاسکتے ہیں۔ (2)...... یہ آیت مبارکہ آخرت کے ثواب و عذاب کے بارے میں ہے لیکن اس طرح کا معاملہ دنیا میں بھی پیش آتا رہتا ہے کہ ہر آدمی اپنی محنت کا پھل پاتا ہے، محنت والے کو اس کی محنت کا صلہ ملتا ہے جبکہ سست و کاہل اور کام چور کو اس کی سستی کا انجام دیکھنا پڑتا ہے۔

وَلَا تَحۡمِلۡ عَلَيۡنَاۤ اِصۡرًا كَمَا حَمَلۡتَهٗ عَلَى

عَلَى	حَمَلۡتَهٗ [1]	كَمَا	اِصۡرًا	عَلَيۡنَاۤ	لَا تَحۡمِلۡ	وَ
اوپر	تونے رکھا اسے	جیسے	بھاری بوجھ	ہمارے اوپر	نہ رکھ	اور

اور ہم پر بھاری بوجھ نہ رکھ جیسا تونے ہم سے پہلے

الَّذِيۡنَ مِنۡ قَبۡلِنَا ۚ رَبَّنَا وَلَا تُحَمِّلۡنَا

لَا تُحَمِّلۡنَا	وَ	رَبَّنَا	قَبۡلِنَا	مِنۡ	الَّذِيۡنَ
نہ بوجھ ڈال ہمارے اوپر	اور	اے ہمارے رب	ہم سے پہلے	سے	ان لوگوں کے جو

لوگوں پر رکھا تھا، اے ہمارے رب! اور ہم پر وہ بوجھ نہ ڈال

مَا لَا طَاقَةَ لَنَا بِهٖ ۚ وَاعۡفُ

اعۡفُ	وَ	بِهٖ	لَنَا	طَاقَةَ	لَا	مَا
معاف فرمادے، درگزر فرما	اور	اس کی	ہمارے لئے (ہمیں)	طاقت	نہیں	وہ جو

جس کی ہمیں طاقت نہیں اور ہمیں معاف

عَنَّا ٚ وَاغۡفِرۡ لَنَا ٚ وَارۡحَمۡنَا ٚ اَنۡتَ

اَنۡتَ	ارۡحَمۡنَا	وَ	لَنَا	اغۡفِرۡ	وَ	عَنَّا
تو	رحم فرما ہم پر	اور	ہمارے لئے (ہماری)	مغفرت فرما	اور	ہم سے

فرمادے اور ہمیں بخش دے اور ہم پر مہربانی فرما، تو

مَوۡلٰنَا فَانۡصُرۡنَا عَلَى الۡقَوۡمِ الۡكٰفِرِيۡنَ ﴿۲۸۶﴾ ع

الۡكٰفِرِيۡنَ ﴿۲۸۶﴾	الۡقَوۡمِ	عَلَى	فَانۡصُرۡنَا	مَوۡلٰنَا
کفر کرنے والے	قوم	پر (کے مقابلے میں)	پس مدد فرما ہماری	ہمارا مالک، مددگار (ہے)

ہمارا مالک ہے پس کافر قوم کے مقابلے میں ہماری مدد فرما○

[1] ......بنی اسرائیل پر کئی احکام ہم سے زیادہ سخت تھے جیسے زکوٰۃ میں چوتھائی مال دینا۔ ان کے مقابلے میں ہم پر نہایت آسانیاں ہیں۔ لہٰذا اعترافِ نعمت کے طور پر یہاں دعا میں عرض کیا جارہا ہے کہ اے ہمارے رب! اور ہم پر بھاری بوجھ نہ رکھ جیسا تونے ہم سے پہلے لوگوں پر رکھا تھا۔ یاد رہے کہ ہم پر یہ کرم نوازیاں حضور پرنور صَلَّی اللّٰہُ تَعَالٰی عَلَیْہِ وَاٰلِہٖ وَسَلَّم کے صدقے میں ہیں۔

آیات: 200 — رکوع: 20

سُوْرَةُ اٰلِ عِمْرٰن مَدَنِيَّة

بِسْمِ اللّٰهِ الرَّحْمٰنِ الرَّحِيْمِ

بِسْمِ	اللّٰهِ	الرَّحْمٰنِ	الرَّحِيْمِ
نام سے (شروع)	اللہ	نہایت مہربان	رحمت والا

اللہ کے نام سے شروع جو نہایت مہربان، رحمت والا ہے۔

الٓمّٓ ۝١ اَللّٰهُ لَاۤ اِلٰهَ اِلَّا هُوَ ۙ الْحَیُّ الْقَیُّوْمُ ۝٢ ؕ

الٓمّٓ ۝١	اَللّٰهُ	لَاۤ	اِلٰهَ	اِلَّا	هُوَ	الْحَیُّ	الْقَیُّوْمُ ۝٢ (1)
حروف مقطعات	اللہ	نہیں	کوئی معبود	مگر	وہ	ہمیشہ زندہ	دوسروں کو قائم رکھنے والا

الٓمّٓ ۝ اللہ وہ ہے جس کے سوا کوئی معبود نہیں (وہ) خود زندہ، دوسروں کو قائم رکھنے والا ہے ۝

نَزَّلَ عَلَیْكَ الْكِتٰبَ بِالْحَقِّ مُصَدِّقًا لِّمَا

نَزَّلَ	عَلَیْكَ	الْكِتٰبَ	بِالْحَقِّ	مُصَدِّقًا (2)	لِّمَا
اس نے نازل کی، اتاری	تمہارے اوپر	کتاب	حق کے ساتھ	تصدیق کرنے والی	(اس) کی جو

اس نے تم پر یہ سچی کتاب اتاری جو پہلی کتابوں کی تصدیق

بَیْنَ یَدَیْهِ وَ اَنْزَلَ التَّوْرٰىةَ وَ الْاِنْجِیْلَ ۝٣ ۙ مِنْ

بَیْنَ یَدَیْهِ	وَ	اَنْزَلَ	التَّوْرٰىةَ	وَ	الْاِنْجِیْلَ ۝٣	مِنْ
ان کے آگے	اور	نازل فرمائی، اتاری	تورات	اور	انجیل	سے

کرتی ہے اور اس نے اس سے پہلے تورات اور انجیل نازل فرمائی ۝

عنوان: اللہ تعالیٰ کی وحدانیت اور اس کے اوصاف — آسمانی کتابوں کے نزول اور ان کی عظمت وشان کا بیان

1..... ”حَیّ“ کا معنیٰ ہے ”ایسا ہمیشہ رہنے والا جس کی موت ممکن نہ ہو“ اور ”قَیُّوْم“ وہ ہے جو قائم بالذات یعنی بغیر کسی دوسرے کی محتاجی اور تصرف کے خود قائم ہو اور مخلوق کو قائم رکھنے والا ہو۔

2..... معلوم ہوا کہ قرآن پاک کے بعد نہ کوئی کتاب آنے والی اور نہ کوئی نیا نبی تشریف لانے والا ہے کیونکہ قرآن مجید نے گزشتہ کتابوں کی تصدیق کی ہے، بعد میں نہ کسی کتاب کے آنے کا تذکرہ کیا اور نہ بشارت دی جبکہ قرآن پاک کو چونکہ تورات وانجیل کے بعد آنا تھا اس لئے ان کتابوں میں قرآن کی بشارت پہلے سے دیدی گئی۔

قَبْلُ هُدًى لِّلنَّاسِ وَ اَنْزَلَ الْفُرْقَانَ ؕ

قَبْلُ	هُدًى	لِّلنَّاسِ	وَ	اَنْزَلَ	الْفُرْقَانَ
(اس سے) پہلے	ہدایت	لوگوں کے لئے	اور	نازل کیا، اتارا	حق و باطل میں فرق کرنے والا

لوگوں کو ہدایت دیتی اور (اللہ نے) حق و باطل میں فرق اتارا۔

اِنَّ الَّذِيْنَ كَفَرُوْا بِاٰيٰتِ اللّٰهِ لَهُمْ عَذَابٌ

اِنَّ	الَّذِيْنَ	كَفَرُوْا	بِاٰيٰتِ اللّٰهِ	لَهُمْ	عَذَابٌ
بیشک	وہ لوگ جو (جنہوں نے)	کفر کیا، انکار کیا	اللہ کی آیتوں کے ساتھ	ان کے لئے	عذاب

بیشک وہ لوگ جنہوں نے اللہ کی آیتوں کا انکار کیا ان کے لئے سخت

شَدِيْدٌ ؕ وَاللّٰهُ عَزِيْزٌ ذُو انْتِقَامٍ ④ اِنَّ اللّٰهَ لَا يَخْفٰى

شَدِيْدٌ	وَ	اللّٰهُ	عَزِيْزٌ	ذُو انْتِقَامٍ ④	اِنَّ	اللّٰهَ	لَا يَخْفٰى (1)
سخت	اور	اللہ	عزت والا، غلبے والا	بدلہ لینے والا	بیشک	اللہ	پوشیدہ نہیں

عذاب ہے اور اللہ غالب بدلہ لینے والا ہے ○ بیشک اللہ پر

عَلَيْهِ شَیْءٌ فِی الْاَرْضِ وَلَا فِی السَّمَآءِ ؕ ⑤ هُوَ الَّذِیْ

عَلَيْهِ	شَیْءٌ	فِی الْاَرْضِ	وَ	لَا	فِی السَّمَآءِ ⑤	هُوَ	الَّذِیْ
اس پر	کوئی چیز	زمین میں	اور	نہ	آسمان میں	وہ (وہی ہے)	جو

کوئی چیز پوشیدہ نہیں، نہ زمین میں اور نہ ہی آسمان میں ○ وہی ہے جو

يُصَوِّرُكُمْ فِی الْاَرْحَامِ كَيْفَ يَشَآءُ ؕ لَآ اِلٰهَ اِلَّا

يُصَوِّرُكُمْ (2)	فِی	الْاَرْحَامِ	كَيْفَ	يَشَآءُ	لَآ	اِلٰهَ	اِلَّا
صورت بناتا ہے تمہاری	میں	(ماؤں کے) رحموں	جیسی	چاہتا ہے	نہیں	کوئی معبود	مگر

ماؤں کے پیٹوں میں جیسی چاہتا ہے تمہاری صورت بناتا ہے، اس کے سوا کوئی معبود نہیں

عنوان: آیات الٰہی کا انکار کرنے والوں کی سزا | زمین و آسمان میں کوئی چیز اللہ تعالیٰ سے پوشیدہ نہیں | انسانی تخلیق میں قدرت الٰہی

(1)...... آسمان وزمین کی ہر چیز، ہر وقت، تمام تر تفصیلات کے ساتھ بغیر کسی کی تعلیم و خبر معلوم ہونا اللہ تعالیٰ کی صفت ہے، یہ وصف کسی بندے میں نہیں، کیونکہ مخلوق کو جو علم ہے وہ اللہ عَزَّوَجَلَّ کے بتانے سے ہے اور وہ بھی متناہی اور قابلِ فنا ہے۔ (2)...... ماں کے پیٹ میں بچے کی شکل بنانا، اس میں روح پھونکنا، اس کی تقدیر لکھنا یہ سب کچھ فرشتہ کرتا ہے لیکن فرشتہ چونکہ اللہ تعالیٰ کے حکم اور اختیار دینے سے کرتا ہے لہٰذا فرمایا کہ اللہ عَزَّوَجَلَّ ہی ہے جو ماؤں کے پیٹوں میں تمہاری صورتیں بناتا ہے۔

هُوَ الْعَزِیْزُ الْحَكِیْمُ ۞ هُوَ الَّذِیْۤ اَنْزَلَ عَلَیْكَ

هُوَ	الْعَزِیْزُ	الْحَكِیْمُ ۞	هُوَ	الَّذِیْۤ	اَنْزَلَ	عَلَیْكَ
وہ	عزت والا، زبردست	حکمت والا	وہ	جو (جس نے)	نازل کی، اتاری	تمہارے اوپر

(وہ) زبردست ہے، حکمت والا ہے ۞ وہی ہے جس نے تم پر

الْكِتٰبَ مِنْهُ اٰیٰتٌ مُّحْكَمٰتٌ هُنَّ اُمُّ الْكِتٰبِ

الْكِتٰبَ	مِنْهُ	اٰیٰتٌ	مُّحْكَمٰتٌ	هُنَّ	اُمُّ الْكِتٰبِ
کتاب	اس سے	کچھ آیتیں	صاف معنی رکھتی (ہیں)	وہ	کتاب کی اصل (ہیں)

یہ کتاب اتاری اس کی کچھ آیتیں صاف معنی رکھتی ہیں وہ کتاب کی اصل ہیں

وَ اُخَرُ مُتَشٰبِهٰتٌؕ فَاَمَّا الَّذِیْنَ فِیْ قُلُوْبِهِمْ

وَ	اُخَرُ	مُتَشٰبِهٰتٌ (1)	فَاَمَّا	الَّذِیْنَ	فِیْ	قُلُوْبِهِمْ
اور	دوسری (وہ جو)	مشتبہ معنی والی (ہیں)	پس بہرحال	وہ لوگ جو	میں	ان کے دلوں

اور دوسری وہ ہیں جن کے معنی میں اِشتباہ ہے تو وہ لوگ جن کے دلوں میں

زَیْغٌ فَیَتَّبِعُوْنَ مَا تَشَابَهَ مِنْهُ

زَیْغٌ (2)	فَیَتَّبِعُوْنَ	مَا	تَشَابَهَ	مِنْهُ
حق سے روگردانی، ٹیڑھاپن (ہے)	تو وہ پیچھے پڑتے ہیں	(اس کے) جو	مشتبہ (ہے)	اس سے

ٹیڑھاپن ہے وہ (لوگوں میں) فتنہ پھیلانے کی غرض سے اور

ابْتِغَآءَ الْفِتْنَةِ وَ ابْتِغَآءَ تَاْوِیْلِهٖۚ وَ مَا یَعْلَمُ

ابْتِغَآءَ الْفِتْنَةِ	وَ	ابْتِغَآءَ تَاْوِیْلِهٖ	وَ	مَا یَعْلَمُ
فتنہ چاہنے (کے لئے)	اور	اس کی (باطل) تاویل تلاش کرنے (کے لئے)	اور (حالانکہ)	نہیں جانتا

ان آیات کا (غلط) معنیٰ تلاش کرنے کے لئے ان متشابہ آیتوں کے پیچھے پڑتے ہیں حالانکہ ان کا

عنوان: معانی کے اعتبار سے آیات قرآنی کی تقسیم — متشابہ آیات کے ظاہری معنی لینا اور غلط تاویل کرنا گمراہ لوگوں کا کام ہے — متشابہ آیات کا حقیقی مطلب اللہ تعالیٰ ہی جانتا ہے

1 ...... مُتَشَابِہْ، وہ آیات ہیں جن کے ظاہری معنیٰ یا تو سمجھ ہی نہیں آتے جیسے حروف مقطعات یا ان کے ظاہری معنیٰ سمجھ تو آتے ہیں لیکن وہ مراد نہیں ہوتے جیسے اللہ تعالیٰ کے "یَدْ" یعنی "ہاتھ" اور "وَجْہٌ" یعنی "چہرہ" والی آیات۔ ان کے ظاہری معنیٰ معلوم تو ہیں لیکن یہ مراد نہیں۔ 2 ...... یہاں گمراہ اور بدمذہب لوگوں کا ذکر کیا گیا ہے جو اپنی خواہشاتِ نفسانی کے پابند ہیں اور متشابہ آیات کے ظاہری معنیٰ لیتے ہیں جو کہ صریح گمراہی بلکہ بعض صورتوں میں کفر ہوتا ہے یا ایسے لوگ متشابہ آیات کی غلط تاویل کرتے ہیں۔

وقف لازم

تَاْوِیْلَهٗۤ اِلَّا اللّٰهُ ۘؔ وَ الرّٰسِخُوْنَ فِی الْعِلْمِ یَقُوْلُوْنَ

تَاْوِیْلَهٗۤ	اِلَّا	اللّٰهُ[1]	وَ	الرّٰسِخُوْنَ	فِی الْعِلْمِ	یَقُوْلُوْنَ
اس کی تاویل	مگر	اللہ	اور	پختگی رکھنے والے	علم میں	کہتے ہیں

صحیح مطلب اللہ ہی کو معلوم ہے اور پختہ علم والے کہتے ہیں کہ

اٰمَنَّا بِهٖ ۙ كُلٌّ مِّنْ عِنْدِ رَبِّنَا ۚ وَ

اٰمَنَّا	بِهٖ	كُلٌّ	مِّنْ	عِنْدِ رَبِّنَا	وَ
ہم ایمان لائے	اس کے ساتھ (اس پر)	(یہ) سب	سے	ہمارے رب کے پاس	اور

ہم اس پر ایمان لائے، یہ سب ہمارے رب کی طرف سے ہے اور

مَا یَذَّكَّرُ اِلَّاۤ اُولُوا الْاَلْبَابِ ⑦ رَبَّنَا لَا تُزِغْ

مَا یَذَّكَّرُ	اِلَّاۤ	اُولُوا الْاَلْبَابِ ⑦[2]	رَبَّنَا	لَا تُزِغْ
نصیحت حاصل نہیں کرتے	مگر	عقل والے	اے ہمارے رب	ٹیڑھا نہ کر

عقل والے ہی نصیحت مانتے ہیں ○ اے ہمارے رب تو نے

قُلُوْبَنَا بَعْدَ اِذْ هَدَیْتَنَا وَ هَبْ لَنَا

قُلُوْبَنَا	بَعْدَ	اِذْ	هَدَیْتَنَا	وَ	هَبْ	لَنَا
ہمارے دلوں (کو)	(اس کے) بعد	جب	تو نے ہدایت دی ہمیں	اور	عطا فرما	ہمارے لئے

ہمیں ہدایت عطا فرمائی ہے، اس کے بعد ہمارے دلوں کو ٹیڑھا نہ کر اور ہمیں

مِنْ لَّدُنْكَ رَحْمَةً ۚ اِنَّكَ اَنْتَ الْوَهَّابُ ⑧ رَبَّنَاۤ

مِنْ	لَّدُنْكَ	رَحْمَةً	اِنَّكَ	اَنْتَ	الْوَهَّابُ ⑧	رَبَّنَاۤ
سے	اپنے پاس	رحمت	بیشک تو	تو (ہی)	بہت عطا فرمانے والا	اے ہمارے رب

اپنے پاس سے رحمت عطا فرما، بیشک تو بڑا عطا فرمانے والا ہے ○ اے ہمارے رب!

عنوان: متشابہ آیات سے متعلق علم میں راسخ لوگوں کا عقیدہ | ہدایت کے بعد دل ٹیڑھے نہ کئے جانے کی دعا

اللہ تعالیٰ جھوٹ سے پاک ہے

1 ...... محققین علماء نے فرمایا ہے کہ حضور اقدس صَلَّی اللّٰہُ تَعَالٰی عَلَیْہِ وَاٰلِہٖ وَسَلَّم کی شان اس سے ارفع و اعلیٰ ہے کہ اللہ تعالیٰ آپ صَلَّی اللّٰہُ تَعَالٰی عَلَیْہِ وَاٰلِہٖ وَسَلَّم کو بھی متشابہات کا علم عطا نہ فرمائے بلکہ اولیاء کرام کو بھی اس کا علم ملتا ہے۔ 2 ...... اس سے معلوم ہوا کہ عقل بہت بڑی فضیلت اور خوبی ہے کہ اس کے ذریعے ہدایت و نصیحت ملتی ہے۔ لیکن یہ یاد رہے کہ جس عقل سے ہدایت نہ ملے وہ بدترین حماقت ہے، جیسے طاقت اچھی چیز ہے لیکن جو طاقت ظلم کیلئے استعمال ہو وہ کمزوری سے بھی بدتر ہے۔

اِنَّكَ جَامِعُ النَّاسِ لِيَوْمٍ لَّا رَيْبَ فِيْهِ ط اِنَّ

اِنَّكَ	جَامِعُ النَّاسِ	لِيَوْمٍ	لَّا	رَيْبَ	فِيْهِ	اِنَّ
بیشک تو	لوگوں کو جمع کرنے والا	(اس) دن کے لئے	نہیں	کوئی شک	اس میں	بیشک

بیشک تو سب لوگوں کو اس دن جمع کرنے والا ہے جس میں کوئی شبہ نہیں، بیشک

اللّٰهَ لَا يُخْلِفُ الْمِيْعَادَ ۝٩ ع اِنَّ الَّذِيْنَ كَفَرُوْا

اللّٰهَ	لَا يُخْلِفُ (1)	الْمِيْعَادَ ۝٩	اِنَّ	الَّذِيْنَ	كَفَرُوْا
اللہ	خلاف نہیں کرتا	وعدہ (کے)	بیشک	وہ لوگ جو (جنہوں نے)	کفر کیا

اللہ وعدہ خلافی نہیں کرتا ۝ بیشک کافروں کے

لَنْ تُغْنِيَ عَنْهُمْ اَمْوَالُهُمْ وَلَآ اَوْلَادُهُمْ مِّنَ

لَنْ تُغْنِيَ	عَنْهُمْ	اَمْوَالُهُمْ	وَ	لَآ	اَوْلَادُهُمْ	مِّنَ
ہرگز بے نیاز (دور) نہ کریں گے	ان سے	ان کے اموال	اور	نہ	ان کی اولاد	سے

مال اور ان کی اولاد اللہ کے عذاب سے انہیں کچھ بھی بچا نہ

اللّٰهِ شَيْــًٔا ط وَاُولٰٓئِكَ هُمْ وَقُوْدُ النَّارِ ۝١٠ لا كَدَاْبِ

اللّٰهِ	شَيْــًٔا	وَ	اُولٰٓئِكَ	هُمْ	وَقُوْدُ النَّارِ ۝١٠	كَدَاْبِ (2)
اللہ (کے عذاب)	کچھ	اور	یہ لوگ	وہ (وہی)	جہنم کا ایندھن (ہیں)	جیسے طریقہ (تھا)

سکیں گے اور وہی دوزخ کا ایندھن ہیں ۝ جیسا

اٰلِ فِرْعَوْنَ لا وَالَّذِيْنَ مِنْ قَبْلِهِمْ ط كَذَّبُوْا بِاٰيٰتِنَا ج

اٰلِ فِرْعَوْنَ	وَ	الَّذِيْنَ	مِنْ	قَبْلِهِمْ	كَذَّبُوْا	بِاٰيٰتِنَا
فرعون والوں (کا)	اور	وہ لوگ جو	سے	ان سے پہلے	انہوں نے جھٹلایا	ہماری آیتوں کو

فرعون کے ماننے والوں اور ان سے پہلے لوگوں کا طریقہ تھا، انہوں نے ہماری آیتوں کو جھٹلایا

عنوان: مال اور اولاد پر غرور کرنے والے کافروں کا انجام | مغرور کافروں کی ایک مثال

(1) ...... اللہ تعالیٰ جھوٹ سے پاک ہے لہٰذا وہ وعدہ خلافی نہیں فرماتا۔ اللہ تعالیٰ کی طرف جھوٹ بولنے کی نسبت قطعی کفر ہے اور یہ کہنا کہ ”جھوٹ بول سکتا ہے“ یہ بھی کفر ہے۔

(2) ...... یعنی نبی پاک صَلَّی اللّٰہُ تَعَالٰی عَلَیْہِ وَاٰلِہٖ وَسَلَّم کے زمانے کے کافروں کا طریقہ ویسا ہی ہے جیسا فرعون کے ماننے والوں اور ان سے پہلے لوگوں کا طریقہ تھا کہ انہوں نے بھی ہماری آیتوں کو جھٹلایا اور اِن کافروں نے بھی ہماری آیات کو جھٹلایا تو جس طرح اللہ تعالیٰ نے اُن کے گناہوں پر انہیں پکڑ لیا اسی طرح ان کے گناہوں پر اِن کی بھی پکڑ فرمائے گا۔

فَاَخَذَهُمُ اللّٰهُ بِذُنُوْبِهِمْ ؕ وَاللّٰهُ شَدِيْدُ الْعِقَابِ ⑪

فَاَخَذَهُمُ	اللّٰهُ	بِذُنُوْبِهِمْ	وَ	اللّٰهُ	شَدِيْدُ الْعِقَابِ ⑪
تو پکڑ لیا انہیں	اللہ (نے)	ان کے گناہوں کے سبب	اور	اللہ	سخت عذاب دینے والا (ہے)

تو اللہ نے ان کے گناہوں پر انہیں پکڑ لیا اور اللہ کا عذاب بڑا سخت ہے ○

قُلْ لِّلَّذِيْنَ كَفَرُوْا سَتُغْلَبُوْنَ وَ

قُلْ	لِّلَّذِيْنَ	كَفَرُوْا	سَتُغْلَبُوْنَ (1)	وَ
تم کہو	ان لوگوں سے جو (جنہوں نے)	کفر کیا	عنقریب تم مغلوب ہو جاؤ گے	اور

ان کافروں سے کہہ دو کہ عنقریب تم مغلوب ہو جاؤ گے اور

تُحْشَرُوْنَ اِلٰى جَهَنَّمَ ؕ وَبِئْسَ الْمِهَادُ ⑫ قَدْ كَانَ

تُحْشَرُوْنَ	اِلٰى	جَهَنَّمَ	وَ	بِئْسَ	الْمِهَادُ ⑫	قَدْ	كَانَ
اکٹھے کئے جاؤ گے	کی طرف	جہنم	اور	کیا ہی برا	بچھونا (ہے)	تحقیق، بیشک	تھی

دوزخ کی طرف ہانکے جاؤ گے اور وہ بہت ہی برا ٹھکانا ہے ○ بیشک

لَكُمْ اٰيَةٌ فِيْ فِئَتَيْنِ الْتَقَتَا ؕ

لَكُمْ	اٰيَةٌ	فِيْ	فِئَتَيْنِ	الْتَقَتَا
تمہارے لئے	عظیم نشانی	میں	دو گروہوں	آپس میں ملے (آپس میں جنگ کی)

تمہارے لئے ان دو گروہوں میں بڑی نشانی ہے جنہوں نے آپس میں جنگ کی۔

فِئَةٌ تُقَاتِلُ فِيْ سَبِيْلِ اللّٰهِ وَاُخْرٰى

فِئَةٌ	تُقَاتِلُ	فِيْ	سَبِيْلِ اللّٰهِ	وَ	اُخْرٰى
ایک گروہ، ایک جماعت	لڑ رہی تھی	میں	اللہ کی راہ	اور	دوسری (جماعت)

(اُن میں) ایک گروہ تو اللہ کی راہ میں لڑ رہا تھا اور دوسرا گروہ

عنوان: یہودیوں کا دنیوی اور اُخروی انجام — غزوۂ بدر میں سب کے لئے عبرت و نصیحت تھی

(1)......اس آیت میں یہودیوں کے بارے غیبی خبر دی گئی کہ وہ دنیا میں مغلوب ہوں گے، قتل کئے جائیں گے، گرفتار کئے جائیں گے اور ان پر جزیہ مقرر کیا جائے گا اور آخرت میں دوزخ کی طرف ہانکے جائیں گے۔ چنانچہ ایسا ہی ہوا اور کچھ ہی عرصے میں یہودی قتل بھی ہوئے، گرفتار بھی کئے گئے اور اہلِ خیبر پر جزیہ بھی مقرر کیا گیا اور قیامت کے دن انہیں جہنم کی طرف ہانکا جائے گا۔

كَافِرَةٌ يَّرَوْنَهُمْ مِّثْلَيْهِمْ رَاْيَ الْعَيْنِ ؕ وَ

كَافِرَةٌ	يَّرَوْنَهُمْ	مِّثْلَيْهِمْ	رَاْيَ الْعَيْنِ	وَ
کفر کرنے والی (تھی)	وہ دیکھ رہے تھے انہیں	اپنے سے دو مثل، دگنا	کھلی آنکھ سے دیکھنا	اور

کافروں کا تھاجو کھلی آنکھوں سے مسلمانوں کو خود سے دگنا دیکھ رہے تھے اور

اللّٰهُ يُؤَيِّدُ بِنَصْرِهٖ مَنْ يَّشَآءُ ؕ اِنَّ فِيْ ذٰلِكَ

اللّٰهُ	يُؤَيِّدُ	بِنَصْرِهٖ	مَنْ	يَّشَآءُ	اِنَّ	فِيْ	ذٰلِكَ
اللہ	تائید فرماتا ہے	اپنی مدد کے ساتھ	جس کی	چاہتا ہے	بیشک	میں	اس

اللہ اپنی مدد کے ساتھ جس کی چاہتا ہے تائید فرماتا ہے۔ بیشک اس میں

لَعِبْرَةً لِّاُولِي الْاَبْصَارِ ﴿۱۳﴾ زُيِّنَ لِلنَّاسِ

لَعِبْرَةً	لِّاُولِي الْاَبْصَارِ ﴿۱۳﴾	زُيِّنَ (1)	لِلنَّاسِ
ضرور عبرت، نصیحت (ہے)	آنکھوں والوں کے لئے	آراستہ کر دی گئی، خوشنما بنادی گئی	لوگوں کے لئے

عقلمندوں کے لئے بڑی عبرت ہے ○ لوگوں کے لئے ان کی خواہشات کی

حُبُّ الشَّهَوٰتِ مِنَ النِّسَآءِ وَ الْبَنِيْنَ وَ الْقَنَاطِيْرِ الْمُقَنْطَرَةِ

حُبُّ الشَّهَوٰتِ	مِنَ	النِّسَآءِ	وَ	الْبَنِيْنَ	وَ	الْقَنَاطِيْرِ	الْمُقَنْطَرَةِ
خواہشات کی محبت	سے	عورتوں	اور	بیٹوں	اور	خزانوں، ڈھیروں	جمع کئے ہوئے

محبت کو آراستہ کر دیا گیا یعنی عورتوں اور بیٹوں اور سونے چاندی کے

مِنَ الذَّهَبِ وَ الْفِضَّةِ وَ الْخَيْلِ الْمُسَوَّمَةِ وَ

مِنَ	الذَّهَبِ	وَ	الْفِضَّةِ	وَ	الْخَيْلِ	الْمُسَوَّمَةِ	وَ
سے	سونے	اور	چاندی (کے)	اور	گھوڑے	نشان لگائے گئے	اور

جمع کئے ہوئے ڈھیروں اور نشان لگائے گئے گھوڑوں اور

عنوان: لوگوں کے لئے من پسند چیزوں کی محبت خوشنما بنادی گئی

(1) ...... لوگوں کیلئے من پسند چیزوں کی محبت کو خوشنما بنادیا گیا ہے، چنانچہ عورتوں، بیٹوں، مال و اولاد، سونا چاندی، کاروبار، باغات، عمدہ سواریوں اور بہترین مکانات کی محبت لوگوں کے دلوں میں رچی ہوئی ہے اور اس آراستہ کئے جانے اور ان چیزوں کی محبت پیدا کئے جانے کا مقصد یہ ہے کہ خواہش پرستوں اور خدا پرستوں کے درمیان فرق ظاہر ہو جائے۔

الْاَنْعَامِ وَ الْحَرْثِ ؕ ذٰلِكَ مَتَاعُ الْحَيٰوةِ الدُّنْيَا ۚ وَ اللّٰهُ

الْاَنْعَامِ	وَ	الْحَرْثِ	ذٰلِكَ	مَتَاعُ الْحَيٰوةِ الدُّنْيَا (1)	وَ	اللّٰهُ
چوپایوں، مویشیوں	اور	کھیتی (کی)	یہ	دنیوی زندگی کا سامان	اور	اللہ

مویشیوں اور کھیتیوں کو (ان کے لئے آراستہ کر دیا گیا)۔ یہ سب دنیوی زندگی کا سازوسامان ہے اور صرف

عِنْدَهٗ حُسْنُ الْمَاٰبِ ﴿۱۴﴾ قُلْ اَؤُنَبِّئُكُمْ بِخَيْرٍ

عِنْدَهٗ	حُسْنُ الْمَاٰبِ ﴿۱۴﴾	قُلْ	اَؤُنَبِّئُكُمْ	بِخَيْرٍ
اس کے پاس	اچھا ٹھکانہ (ہے)	تم کہو	کیا میں خبر دوں تمہیں	بہتر کی

اللہ کے پاس اچھا ٹھکانہ ہے ۝ (اے حبیب!) تم فرماؤ، کیا میں تمہیں ان چیزوں سے بہتر چیز بتادوں؟

مِّنْ ذٰلِكُمْ ؕ لِلَّذِيْنَ اتَّقَوْا عِنْدَ رَبِّهِمْ

مِّنْ ذٰلِكُمْ	لِلَّذِيْنَ	اتَّقَوْا	عِنْدَ رَبِّهِمْ
ان (چیزوں) سے	ان لوگوں کے لئے جو	ڈرے، پرہیزگاری اختیار کی	ان کے رب کے پاس

(سنو، وہ یہ ہے کہ) پرہیزگاروں کے لئے ان کے رب کے پاس

جَنّٰتٌ تَجْرِيْ مِنْ تَحْتِهَا الْاَنْهٰرُ خٰلِدِيْنَ فِيْهَا

جَنّٰتٌ	تَجْرِيْ	مِنْ	تَحْتِهَا	الْاَنْهٰرُ	خٰلِدِيْنَ	فِيْهَا
جنتیں، باغات (ہیں)	بہتی ہیں	سے	ان (باغوں) کے نیچے	نہریں	ہمیشہ رہنے والے	ان میں

جنتیں ہیں جن کے نیچے نہریں جاری ہیں ان میں وہ ہمیشہ رہیں گے

وَ اَزْوَاجٌ مُّطَهَّرَةٌ وَّ رِضْوَانٌ مِّنَ اللّٰهِ ؕ وَ اللّٰهُ

وَ	اَزْوَاجٌ	مُّطَهَّرَةٌ	وَّ	رِضْوَانٌ	مِّنَ	اللّٰهِ	وَ	اللّٰهُ
اور	بیویاں	پاکیزہ	اور	رضامندی، خوشنودی	کی طرف سے (کی)	اللہ	اور	اللہ

اور (ان کیلئے) پاکیزہ بیویاں اور اللہ کی خوشنودی ہے اور اللہ

عنوان جنت کی نعمتیں دنیا کی نعمتوں سے بہتر ہیں

(1) ..... ہمارے لئے اس آیت میں بہت اعلیٰ درس ہے۔ ہم مسلمانوں کی اکثریت بھی انہی دنیاوی چیزوں کی محبت میں مبتلا ہے، اہلِ خانہ اور اولاد کی وجہ سے حرام کمانا، مال و دولت کو اپنا مقصود اصلی سمجھنا، اسی کیلئے دن رات کوشش کرنا، بینک بیلنس بڑھانا، اپنے اثاثوں میں اضافہ کرنا، بہترین لباس، عمدہ مکانات اور شاندار گاڑی ہی تقریباً ہر کسی کا نصب العین اور مقصود و مطلوب ہے۔ اس آیت مبارکہ کو سامنے رکھ کر ہمیں بھی اپنی زندگی پر کچھ غور کرنا چاہیے۔

بَصِيْرٌۢ بِالْعِبَادِ ۝۱۵ۚ اَلَّذِيْنَ يَقُوْلُوْنَ رَبَّنَآ اِنَّنَآ اٰمَنَّا

بَصِيْرٌۢ	بِالْعِبَادِ ۝۱۵	اَلَّذِيْنَ	يَقُوْلُوْنَ	رَبَّنَآ	اِنَّنَآ	اٰمَنَّا
دیکھنے والا	بندوں کو	وہ لوگ جو	کہتے ہیں	اے ہمارے رب	بیشک ہم	ایمان لائے

بندوں کو دیکھ رہا ہے ○ وہ جو کہتے ہیں: اے ہمارے رب! ہم ایمان لائے ہیں،

فَاغْفِرْ لَنَا ذُنُوْبَنَا وَ قِنَا عَذَابَ النَّارِ ۝۱۶ۚ

فَاغْفِرْ	لَنَا	ذُنُوْبَنَا	وَ	قِنَا	عَذَابَ النَّارِ ۝۱۶
پس تو بخش دے	ہمارے لئے	ہمارے گناہ	اور	بچالے ہمیں	آگ کے عذاب (سے)

تو تو ہمارے گناہ معاف فرما اور ہمیں دوزخ کے عذاب سے بچالے ○

اَلصّٰبِرِيْنَ وَ الصّٰدِقِيْنَ وَ الْقٰنِتِيْنَ وَ الْمُنْفِقِيْنَ

اَلصّٰبِرِيْنَ	وَ	الصّٰدِقِيْنَ	وَ	الْقٰنِتِيْنَ	وَ	الْمُنْفِقِيْنَ
صبر کرنے والے	اور	سچ بولنے والے	اور	اطاعت کرنے والے	اور	خرچ کرنے والے

صبر کرنے والے اور سچے اور فرمانبردار اور راہِ خدا میں خرچ کرنے والے

وَ الْمُسْتَغْفِرِيْنَ بِالْاَسْحَارِ ۝۱۷ شَهِدَ اللّٰهُ

وَ	الْمُسْتَغْفِرِيْنَ	بِالْاَسْحَارِ ۝۱۷ (1)	شَهِدَ	اللّٰهُ
اور	مغفرت طلب کرنے والے	رات کے آخری حصوں میں (سحری کے وقت)	گواہی دی	اللہ (نے)

اور رات کے آخری حصے میں مغفرت مانگنے والے (ہیں) ○ اور اللہ نے گواہی دی

اَنَّهٗ لَآ اِلٰهَ اِلَّا هُوَ ۙ وَ الْمَلٰٓىِٕكَةُ وَ اُولُوا الْعِلْمِ

اَنَّهٗ	لَآ	اِلٰهَ	اِلَّا	هُوَ	وَ	الْمَلٰٓىِٕكَةُ	وَ	اُولُوا الْعِلْمِ
کہ وہ	نہیں	کوئی معبود	مگر	وہ	اور	فرشتوں	اور	علم والوں (نے گواہی دی)

کہ اس کے سوا کوئی معبود نہیں اور فرشتوں نے اور عالموں نے

عنوان گناہوں کی مغفرت اور عذاب جہنم سے پناہ کی دعا

متقین کے اوصاف: صبر کرنا، سچ بولنا، اطاعت کرنا، راہِ خدا میں خرچ کرنا اور سحری کے وقت بخشش کی دعا مانگنا

اللہ تعالیٰ کی وحدانیت کی گواہی

(1)...... رات کا آخری پہر نہایت فضیلت والا ہے، یہ وقت خلوت اور دعاؤں کی قبولیت کا ہے۔ حضرت لقمان رَضِیَ اللہُ تَعَالٰی عَنْہُ نے اپنے فرزند سے فرمایا تھا کہ "مرغ سے کم نہ رہنا کہ وہ تو سحری کے وقت ندا کرے اور تم سوتے رہو۔" لہٰذا اس وقت نیند سے بیدار ہو کر نماز پڑھنے، توبہ و استغفار کرنے اور رب تعالیٰ کے حضور گریہ وزاری اور مناجات کرنے میں مشغول ہونا عین سعادت ہے۔

قَآئِمًۢا بِالْقِسْطِ ؕ لَآ اِلٰهَ اِلَّا هُوَ الْعَزِیْزُ

قَآئِمًۢا	بِالْقِسْطِ	لَآ	اِلٰهَ	اِلَّا	هُوَ	الْعَزِیْزُ
قائم (ہو کر)	انصاف کے ساتھ	نہیں	کوئی معبود	مگر	وہ (وہی)	عزت والا، غلبے والا

انصاف سے قائم ہو کر اس کے سوا کسی کی عبادت نہیں عزت والا

الْحَكِیْمُ ۝۱۸ ؕ اِنَّ الدِّیْنَ عِنْدَ اللّٰهِ الْاِسْلَامُ ۟ قف

الْحَكِیْمُ ۝۱۸	اِنَّ	الدِّیْنَ	عِنْدَ اللّٰهِ	الْاِسْلَامُ (1)
حکمت والا	بیشک	دین	اللہ کے نزدیک	اسلام (ہے)

حکمت والا ○ بیشک اللہ کے نزدیک دین صرف اسلام ہے

وَ مَا اخْتَلَفَ الَّذِیْنَ اُوْتُوا الْكِتٰبَ اِلَّا مِنْۢ بَعْدِ مَا

وَ	مَا اخْتَلَفَ	الَّذِیْنَ	اُوْتُوا	الْكِتٰبَ	اِلَّا	مِنْۢ	بَعْدِ	مَا
اور	اختلاف نہ کیا	ان لوگوں نے جو (جنہیں)	انہیں دی گئی	کتاب	مگر	سے	(اس کے) بعد	جو

اور جنہیں کتاب دی گئی انہوں نے آپس میں اختلاف نہ کیا مگر اپنے پاس

جَآءَهُمُ الْعِلْمُ بَغْیًۢا بَیْنَهُمْ ؕ وَ مَنْ یَّكْفُرْ

جَآءَهُمُ	الْعِلْمُ	بَغْیًۢا	بَیْنَهُمْ	وَ	مَنْ	یَّكْفُرْ
آیا ان کے پاس	علم	سرکشی، حسد (کی وجہ سے)	اپنے درمیان	اور	جو	انکار کرے

علم آجانے کے بعد، اپنے باہمی حسد کی وجہ سے۔ اور جو اللہ کی آیتوں کا

بِاٰیٰتِ اللّٰهِ فَاِنَّ اللّٰهَ سَرِیْعُ الْحِسَابِ ۝۱۹ فَاِنْ حَآجُّوْكَ

بِاٰیٰتِ اللّٰهِ	فَاِنَّ	اللّٰهَ	سَرِیْعُ الْحِسَابِ ۝۱۹	فَاِنْ	حَآجُّوْكَ
اللہ کی آیتوں کا	تو بیشک	اللہ	جلد حساب لینے والا (ہے)	پھر اگر	وہ جھگڑا کریں تم سے

انکار کرے تو بیشک اللہ جلد حساب لینے والا ہے ○ پھر اے حبیب! اگر وہ تم سے جھگڑا کریں

عنوان

بارگاہِ الٰہی میں مقبول دین صرف "اسلام" ہے

یہودیوں اور عیسائیوں کے باہمی اختلاف کا سبب حسد تھا

آیاتِ الٰہی کا انکار کرنے والے کو تنبیہ

حضور اقدس صَلَّی اللہُ تَعَالٰی عَلَیْہِ وَاٰلِہٖ وَسَلَّم کی ذمہ داری احکام پہنچا دینا ہے

(1)...... ہر نبی کا دین اسلام ہی تھا لہٰذا اسلام کے سوا کوئی اور دین بارگاہِ الٰہی عَزَّوَجَلَّ میں مقبول نہیں لیکن اب اسلام سے مراد وہ دین ہے جو حضرت محمد مصطفٰی صَلَّی اللہُ تَعَالٰی عَلَیْہِ وَاٰلِہٖ وَسَلَّم لائے، چونکہ آپ صَلَّی اللہُ تَعَالٰی عَلَیْہِ وَاٰلِہٖ وَسَلَّم کو اللہ تعالیٰ نے تمام لوگوں کیلئے رسول بنا کر مبعوث فرمایا اور آپ صَلَّی اللہُ تَعَالٰی عَلَیْہِ وَاٰلِہٖ وَسَلَّم کو آخری نبی بنایا، تو اب اگر کوئی کسی دوسرے آسمانی دین کی پیروی کرتا بھی ہو لیکن اللہ عَزَّوَجَلَّ کے آخری نبی حضرت محمد صَلَّی اللہُ تَعَالٰی عَلَیْہِ وَاٰلِہٖ وَسَلَّم اور ان کے دین کو نہ مانتا ہو تو اس کا کسی آسمانی دین کو ماننا بھی معتبر نہیں۔

فَقُلْ اَسْلَمْتُ وَجْهِيَ لِلّٰهِ وَ مَنِ اتَّبَعَنِ ؕ

فَقُلْ	اَسْلَمْتُ	وَجْهِيَ	لِلّٰهِ	وَ	مَنِ	اتَّبَعَنِ
تو تم کہو	میں نے جھکا دیا	اپنا چہرہ	اللہ کے لئے	اور	(اس نے بھی) جس نے	پیروی کی میری

تو تم فرمادو: میں تو اپنا منہ اللہ کی بارگاہ میں جھکائے ہوئے ہوں اور میری پیروی کرنے والے بھی۔

وَ قُلْ لِّلَّذِيْنَ اُوْتُوا الْكِتٰبَ وَ الْاُمِّيّٖنَ ءَ

وَ	قُلْ	لِّلَّذِيْنَ	اُوْتُوا	الْكِتٰبَ	وَ	الْاُمِّيّٖنَ	ءَ
اور	تم کہو	ان لوگوں سے جنہیں	دی گئی	کتاب	اور	ان پڑھوں (سے)	کیا

اور اے حبیب! اہلِ کتاب اور ان پڑھوں سے فرمادو کہ کیا

اَسْلَمْتُمْ ؕ فَاِنْ اَسْلَمُوْا فَقَدِ اهْتَدَوْا ۚ وَ

اَسْلَمْتُمْ	فَاِنْ	اَسْلَمُوْا	فَقَدِ	اهْتَدَوْا	وَ
تم نے اسلام قبول کیا	پھر اگر	وہ اسلام قبول کرلیں	تو تحقیق، بیشک	ہدایت پاگئے	اور

تم (بھی) اسلام قبول کرتے ہو؟ پھر اگر وہ اسلام قبول کرلیں جب تو انہوں نے بھی سیدھا راستہ پالیا اور

اِنْ تَوَلَّوْا فَاِنَّمَا عَلَيْكَ الْبَلٰغُ ؕ وَ اللّٰهُ بَصِيْرٌۢ

اِنْ	تَوَلَّوْا	فَاِنَّمَا	عَلَيْكَ	الْبَلٰغُ	وَ	اللّٰهُ	بَصِيْرٌۢ
اگر	وہ منہ پھیریں	تو صرف	تمہارے اوپر	پہنچا دینا (ہے)	اور	اللہ	دیکھنے والا

اگر یہ منہ پھیریں تو تمہارے اوپر تو صرف حکم پہنچا دینا لازم ہے اور اللہ بندوں کو

بِالْعِبَادِ ﴿۲۰﴾ ع اِنَّ الَّذِيْنَ يَكْفُرُوْنَ بِاٰيٰتِ اللّٰهِ وَ يَقْتُلُوْنَ

بِالْعِبَادِ ﴿۲۰﴾	اِنَّ	الَّذِيْنَ (1)	يَكْفُرُوْنَ	بِاٰيٰتِ اللّٰهِ	وَ	يَقْتُلُوْنَ
بندوں کو	بیشک	وہ لوگ جو	انکار کرتے ہیں	اللہ کی آیتوں کا	اور	قتل کرتے ہیں

دیکھ رہا ہے ○ بیشک وہ لوگ جو اللہ کی آیتوں کا انکار کرتے ہیں اور نبیوں کو

عنوان: انبیاء کرام عَلَيْهِمُ الصَّلٰوةُ وَالسَّلَام اور انصاف کا حکم دینے والوں کو شہید کرنے والوں کا انجام

(1)...... اس آیت میں بنی اسرائیل کے تین جرائم بیان کئے گئے: (1) اللہ عَزَّوَجَلَّ کی آیات کا انکار کرنا۔ (2) انبیاء عَلَيْهِمُ الصَّلٰوةُ وَالسَّلَام کو شہید کرنا۔ (3) انصاف کا حکم دینے والوں کو قتل کرنا۔ نیز اس آیت میں نبی کریم صَلَّى اللّٰهُ تَعَالٰى عَلَيْهِ وَاٰلِهٖ وَسَلَّمَ کے زمانہ کے یہودیوں کی مذمت اس لئے ہے کہ وہ اپنے آباؤ اجداد کے ایسے بدترین فعل سے راضی تھے۔

النَّبِيّٖنَ بِغَيْرِ حَقٍّ ۙ وَّ يَقْتُلُوْنَ الَّذِيْنَ يَاْمُرُوْنَ بِالْقِسْطِ

بِالْقِسْطِ	يَاْمُرُوْنَ	الَّذِيْنَ	يَقْتُلُوْنَ	وَّ	بِغَيْرِ حَقٍّ	النَّبِيّٖنَ
انصاف کا	حکم دیتے ہیں	ان لوگوں کو جو	قتل کرتے ہیں	اور	حق کے بغیر، ناحق	نبیوں (کو)

ناحق شہید کرتے ہیں اور انصاف کا حکم کرنے والوں کو

مِنَ النَّاسِ ۙ فَبَشِّرْهُمْ بِعَذَابٍ اَلِيْمٍ ﴿۲۱﴾ اُولٰٓئِكَ الَّذِيْنَ

الَّذِيْنَ	اُولٰٓئِكَ	اَلِيْمٍ ﴿۲۱﴾	بِعَذَابٍ	فَبَشِّرْهُمْ	النَّاسِ	مِنَ
وہ لوگ جو	یہ	دردناک	عذاب کی	تو بشارت دو انہیں	لوگوں	سے

قتل کرتے ہیں انہیں دردناک عذاب کی خوش خبری سنادو ○ یہی وہ لوگ ہیں

حَبِطَتْ اَعْمَالُهُمْ فِي الدُّنْيَا وَالْاٰخِرَةِ ۫ وَمَا لَهُمْ

لَهُمْ	مَا	وَ	الْاٰخِرَةِ	وَ	الدُّنْيَا	فِي	اَعْمَالُهُمْ	حَبِطَتْ[1]
ان کے لئے	نہیں	اور	آخرت (میں)	اور	دنیا	میں	ان کے اعمال	ضائع ہوگئے

جن کے اعمال دنیا و آخرت میں برباد ہوگئے اور ان کا

مِّنْ نّٰصِرِيْنَ ﴿۲۲﴾ اَلَمْ تَرَ اِلَى الَّذِيْنَ اُوْتُوْا نَصِيْبًا

نَصِيْبًا	اُوْتُوْا	الَّذِيْنَ	اِلَى	اَلَمْ تَرَ	نّٰصِرِيْنَ ﴿۲۲﴾	مِّنْ
کچھ حصہ	دیا گیا	ان لوگوں کی جنہیں	کی طرف	کیا تم نے نہ دیکھا	مددگاروں	سے

کوئی مددگار نہیں ○ کیا تم نے ان لوگوں کو نہیں دیکھا جنہیں کتاب کا کچھ حصہ

مِّنَ الْكِتٰبِ يُدْعَوْنَ اِلٰى كِتٰبِ اللّٰهِ لِيَحْكُمَ

لِيَحْكُمَ	كِتٰبِ اللّٰهِ	اِلٰى	يُدْعَوْنَ	الْكِتٰبِ	مِّنَ
تاکہ وہ فیصلہ کردے	اللہ کی کتاب	کی طرف	بلائے جاتے ہیں	کتاب	سے

دیا گیا (کہ جب انہیں) اللہ کی کتاب کی طرف بلایا جاتا ہے تاکہ وہ ان کا فیصلہ

عنوان: یہودیوں کی تورات کے احکام سے روگردانی

(1)..... اس آیت سے معلوم ہوا کہ انبیاء عَلَیْہِمُ الصَّلٰوۃُ وَالسَّلَام کی جناب میں بے ادبی کفر ہے اور یہ بھی کہ کفر سے تمام اعمال برباد ہو جاتے ہیں کیونکہ یہودیوں نے اپنے انبیاء عَلَیْہِمُ الصَّلٰوۃُ وَالسَّلَام کو شہید کیا تھا جو سخت ترین بے ادبی ہے اور اس پر ان کے اعمال برباد کر دیئے گئے۔

بَیْنَهُمْ ثُمَّ یَتَوَلّٰى فَرِیْقٌ مِّنْهُمْ وَ هُمْ

بَیْنَهُمْ	ثُمَّ	یَتَوَلّٰى	فَرِیْقٌ	مِّنْهُمْ	وَ	هُمْ
ان کے درمیان	پھر	منہ پھیر لیتا ہے	ایک گروہ	ان میں سے	اور	وہ

کر دے تو پھر ان میں سے ایک گروہ بے رخی کرتے ہوئے

مُّعْرِضُوْنَ ﴿۲۳﴾ ذٰلِكَ بِاَنَّهُمْ قَالُوْا

مُّعْرِضُوْنَ ﴿۲۳﴾	ذٰلِكَ	بِاَنَّهُمْ	قَالُوْا
منہ پھیرنے والے (ہیں)	یہ (بے رخی اور منہ پھیرنا)	(اس) وجہ سے ہے کہ وہ	کہتے ہیں

منہ پھیر لیتا ہے ○ یہ جرأت انہیں اس لئے ہوئی کہ وہ کہتے ہیں:

لَنْ تَمَسَّنَا النَّارُ اِلَّاۤ اَیَّامًا مَّعْدُوْدٰتٍ ۪ وَّ

لَنْ تَمَسَّنَا	النَّارُ	اِلَّاۤ	اَیَّامًا	مَّعْدُوْدٰتٍ	وَّ
ہرگز نہیں چھوئے گی ہمیں	آگ	مگر	دن	گنے ہوئے، گنتی کے	اور

ہرگز ہمیں آگ نہ چھوئے گی مگر گنتی کے چند دن اور انہیں

غَرَّهُمْ فِیْ دِیْنِهِمْ مَّا كَانُوْا یَفْتَرُوْنَ ﴿۲۴﴾

غَرَّهُمْ	فِیْ	دِیْنِهِمْ	مَّا كَانُوْا یَفْتَرُوْنَ ﴿۲۴﴾ (1)
دھوکے میں ڈالا ہوا ہے انہیں	کے بارے میں	ان کے دین	(ان باتوں نے) جو وہ گھڑتے تھے

ان کی (ایسی ہی) من گھڑت باتوں نے ان کے دین کے بارے میں دھوکے میں ڈالا ہوا ہے ○

فَكَیْفَ اِذَا جَمَعْنٰهُمْ لِیَوْمٍ لَّا رَیْبَ فِیْهِ ۟ وَ

فَكَیْفَ	اِذَا	جَمَعْنٰهُمْ	لِیَوْمٍ	لَّا رَیْبَ	فِیْهِ	وَ
تو کیسا (حال ہوگا)	جب	ہم جمع کریں گے انہیں	(اس) دن کے لئے	کوئی شک نہیں	اس میں	اور

تو کیسی حالت ہوگی جب ہم انہیں اس دن کے لئے اکٹھا کریں گے جس میں کوئی شک نہیں اور

عنوان: نجات اور بخشش سے متعلق یہودیوں کا من گھڑت خیال — نجات کے من گھڑت خیالات پالنے والوں کو تنبیہ

(1)...... ہمارے لئے اس میں درسِ عبرت ہے۔ حقیقت یہ ہے کہ کسی بھی قوم کی تباہی اسی صورت میں ہوتی ہے جب وہ عمل سے منہ پھیر کر صرف آرزو اور امید کی دنیا میں گھومتی رہتی ہے۔ جو شخص لاکھوں روپے کمانے کی تمنا رکھتا ہے لیکن اس کیلئے محنت کرنے کو تیار نہیں وہ کبھی ایک روپیہ بھی نہیں کما سکتا۔ جو قوم ترقی کرنے کی خواہشمند ہو لیکن اپنی بداعمالیاں، کام چوریاں اور خیانتیں چھوڑنے کو تیار نہیں وہ کبھی ترقی کی شاہراہ پر قدم نہیں رکھ سکتی۔

وُفِّيَتْ كُلُّ نَفْسٍ مَّا كَسَبَتْ وَ هُمْ لَا يُظْلَمُوْنَ ﴿۲۵﴾

وُفِّيَتْ	كُلُّ نَفْسٍ	مَّا	كَسَبَتْ	وَ	هُمْ	لَا يُظْلَمُوْنَ ﴿۲۵﴾
پورا پورا دیا جائے گا	ہر جان (کو)	(بدلہ اس کا) جو	اس نے کمایا	اور	وہ	ظلم نہ کئے جائیں گے

ہر جان کو اس کی پوری کمائی دی جائے گی اور ان پر ظلم نہ ہو گا ○

قُلِ اللّٰهُمَّ مٰلِكَ الْمُلْكِ تُؤْتِي الْمُلْكَ مَنْ تَشَآءُ

قُلِ	اللّٰهُمَّ	مٰلِكَ الْمُلْكِ (1)	تُؤْتِي	الْمُلْكَ	مَنْ	تَشَآءُ
تم کہو	اے اللہ	ملکوں، سلطنتوں کے مالک	تو دیتا ہے	مُلک، سلطنت	جسے	چاہے

یوں عرض کرو، اے اللہ! مُلک کے مالک! تو جسے چاہتا ہے سلطنت عطا فرماتا ہے

وَ تَنْزِعُ الْمُلْكَ مِمَّنْ تَشَآءُ٘ وَ تُعِزُّ مَنْ تَشَآءُ

وَ	تَنْزِعُ	الْمُلْكَ	مِمَّنْ	تَشَآءُ	وَ	تُعِزُّ	مَنْ	تَشَآءُ
اور	تو چھین لیتا ہے	ملک، سلطنت	جس سے	تو چاہے	اور	عزت دیتا ہے	جسے	تو چاہے

اور جس سے چاہتا ہے چھین لیتا ہے اور تو جسے چاہتا ہے عزت دیتا ہے

وَ تُذِلُّ مَنْ تَشَآءُ ؕ بِیَدِكَ الْخَیْرُ ؕ اِنَّكَ

وَ	تُذِلُّ	مَنْ	تَشَآءُ	بِیَدِكَ	الْخَیْرُ	اِنَّكَ
اور	ذلت دیتا ہے، ذلیل کرتا ہے	جسے	تو چاہے	تیرے ہاتھ میں	ساری بھلائی (ہے)	بیشک تو

اور جسے چاہتا ہے ذلت دیتا ہے، تمام بھلائی تیرے ہی ہاتھ میں ہے، بیشک تو

عَلٰى كُلِّ شَیْءٍ قَدِیْرٌ ﴿۲۶﴾ تُوْلِجُ الَّیْلَ فِی النَّهَارِ وَ تُوْلِجُ

عَلٰى كُلِّ شَیْءٍ	قَدِیْرٌ ﴿۲۶﴾	تُوْلِجُ	الَّیْلَ	فِی	النَّهَارِ	وَ	تُوْلِجُ
ہر چیز پر	قدرت والا (ہے)	تو داخل کرتا ہے	رات	میں	دن	اور	تو داخل کرتا ہے

ہر شے پر قدرت رکھنے والا ہے ○ تو رات کا کچھ حصہ دن میں داخل کر دیتا ہے اور

عنوان: اللہ تعالیٰ کی قدرت اور عظمت کے دلائل

(1) ..... سلطنت و حکومت بلکہ کائنات کا ذرہ ذرہ اللہ تعالیٰ کی ملک ہے جسے چاہے عطا فرمائے۔ کتنی بڑی بڑی سلطنتیں گزریں جن کے زمانے میں ان کے فنا ہونے کا کوئی تصور بھی نہ کر سکتا تھا لیکن اللہ تعالیٰ کی زبردست قوت و قدرت کا ایسا ظہور ہوا کہ آج ان کے نام ونشان مٹ گئے۔ یونان کا سکندرِ اعظم، عراق کا نمرود، ایران کا کسریٰ و نوشیرواں، ضحاک، فریدوں، جمشید، مصر کے فرعون، منگول نسل کے چنگیز اور ہلاکو خان بڑے بڑے نامور حکمران اب صرف قصے کہانیوں میں رہ گئے اور باقی ہے تو رب العالمین کا نام حاکمیت باقی ہے اور اسی کو بقا ہے۔

اَلنَّهَارَ فِی الَّیْلِ٘ وَ تُخْرِجُ الْحَیَّ مِنَ الْمَیِّتِ وَ

اَلنَّهَارَ	فِی	الَّیْلِ	وَ	تُخْرِجُ	الْحَیَّ	مِنَ	الْمَیِّتِ	وَ
دن	میں	رات	اور	تو نکالتا ہے	زندہ (کو)	سے	مردہ	اور

دن کا کچھ حصہ رات میں داخل کر دیتا ہے اور تو مردہ سے زندہ کو نکالتا ہے اور

تُخْرِجُ الْمَیِّتَ مِنَ الْحَیِّ٘ وَ تَرْزُقُ مَنْ تَشَآءُ

تُخْرِجُ	الْمَیِّتَ	مِنَ	الْحَیِّ	وَ	تَرْزُقُ	مَنْ	تَشَآءُ
نکالتا ہے	مردہ (کو)	سے	زندہ	اور	تو رزق دیتا ہے	جسے	تو چاہتا ہے

زندہ سے مردہ کو نکالتا ہے اور جسے چاہتا ہے

بِغَیْرِ حِسَابٍ ﴿٢٧﴾ لَا یَتَّخِذِ الْمُؤْمِنُوْنَ الْكٰفِرِیْنَ

بِغَیْرِ حِسَابٍ ﴿٢٧﴾	لَا یَتَّخِذِ	الْمُؤْمِنُوْنَ	الْكٰفِرِیْنَ
حساب کے بغیر، بے حساب	نہ بنالیں	ایمان والے	کفر کرنے والوں (کو)

بے شمار رزق عطا فرماتا ہے ○ مسلمان مسلمانوں کو چھوڑ کر

اَوْلِیَآءَ مِنْ دُوْنِ الْمُؤْمِنِیْنَ٘ وَ مَنْ یَّفْعَلْ ذٰلِكَ

اَوْلِیَآءَ(1)	مِنْ	دُوْنِ	الْمُؤْمِنِیْنَ	وَ	مَنْ	یَّفْعَلْ	ذٰلِكَ
دوست	سے	سوا	ایمان والوں (کے)	اور	جو	کرے گا	یہ (ایسا)

کافروں کو اپنا دوست نہ بنائیں اور جو کوئی ایسا کرے گا

فَلَیْسَ مِنَ اللّٰهِ فِیْ شَیْءٍ اِلَّاۤ اَنْ تَتَّقُوْا

فَلَیْسَ	مِنَ	اللّٰهِ	فِیْ شَیْءٍ	اِلَّاۤ	اَنْ	تَتَّقُوْا
تو نہیں ہے (اس کا کوئی تعلق)	سے	اللہ	کسی چیز میں	مگر	یہ کہ	تم ڈرو

تو اس کا اللہ سے کوئی تعلق نہیں مگر یہ کہ تمہیں ان سے

عنوان: کافروں کو دوست بنانے کی ممانعت

1 ..... کفار سے دوستی و محبت ممنوع و حرام ہے، انہیں راز دار بنانا، ان سے قلبی تعلق رکھنا بھی ناجائز ہے۔ البتہ اگر جان یا مال کا خوف ہو تو ایسے وقت صرف ظاہری برتاؤ جائز ہے۔ یہاں صرف ظاہری میل برتاؤ کی اجازت دی گئی ہے، یہ نہیں کہ ایمان چھپانے اور جھوٹ بولنے کو اپنا ایمان اور عقیدہ بنا لیا جائے بلکہ اجازت کی جگہ بھی باطل کے مقابلے میں ڈٹ جانا اور اپنی جان تک کی پرواہ نہ کرنا ہی افضل و بہتر ہوتا ہے۔

مِنۡهُمۡ تُقٰىةً ؕ وَيُحَذِّرُكُمُ اللّٰهُ نَفۡسَهٗ ؕ وَاِلَى اللّٰهِ

اللّٰهِ	اِلَى	وَ	نَفۡسَهٗ	اللّٰهُ	يُحَذِّرُكُمُ	وَ	تُقٰىةً	مِنۡهُمۡ
اللہ	کی طرف	اور	اپنی ذات (سے)	اللہ	ڈراتا ہے تمہیں	اور	کچھ ڈرنا	ان سے

کوئی ڈر ہو اور اللہ تمہیں اپنے غضب سے ڈراتا ہے اور اللہ ہی کی طرف

الۡمَصِيۡرُ ۲۸ قُلۡ اِنۡ تُخۡفُوۡا مَا فِىۡ صُدُوۡرِكُمۡ اَوۡ تُبۡدُوۡهُ

تُبۡدُوۡهُ	اَوۡ	صُدُوۡرِكُمۡ	فِىۡ	مَا	تُخۡفُوۡا	اِنۡ	قُلۡ	الۡمَصِيۡرُ ۲۸
ظاہر کرو اسے	یا	تمہارے سینوں	میں	وہ جو	تم چھپاؤ	اگر	تم کہو	لوٹنا، پھرنا (ہے)

لوٹنا ہے ۞ تم فرمادو کہ تم اپنے دل کی بات چھپاؤ یا ظاہر کرو

يَعۡلَمۡهُ اللّٰهُ ؕ وَيَعۡلَمُ مَا فِى السَّمٰوٰتِ وَمَا

مَا	وَ	فِى السَّمٰوٰتِ	مَا	يَعۡلَمُ	وَ	اللّٰهُ	يَعۡلَمۡهُ
جو کچھ	اور	آسمانوں میں	جو کچھ	وہ جانتا ہے	اور	اللہ	جانتا ہے اسے

اللہ کو سب معلوم ہے اور وہ جانتا ہے جو کچھ آسمانوں میں ہے اور جو کچھ

فِى الۡاَرۡضِ ؕ وَاللّٰهُ عَلٰى كُلِّ شَىۡءٍ قَدِيۡرٌ ۲۹ يَوۡمَ تَجِدُ

تَجِدُ (1)	يَوۡمَ	قَدِيۡرٌ ۲۹	عَلٰى كُلِّ شَىۡءٍ	اللّٰهُ	وَ	فِى الۡاَرۡضِ
پائے گی	(جس) دن	قدرت والا (ہے)	ہر چیز پر	اللہ	اور	زمین میں (ہے)

زمین میں ہے اور وہ ہر شے پر قدرت رکھنے والا ہے ۞ (یاد کرو) جس دن

كُلُّ نَفۡسٍ مَّا عَمِلَتۡ مِنۡ خَيۡرٍ مُّحۡضَرًا ۛۚ وَّ

وَّ	مُّحۡضَرًا	خَيۡرٍ	مِنۡ	عَمِلَتۡ	مَّا	كُلُّ نَفۡسٍ
اور	سامنے، موجود، حاضر	بھلائی، نیکی	سے	اس نے عمل کیا	جو	ہر جان

ہر شخص اپنے تمام اچھے اور برے اعمال اپنے سامنے

عنوان اللہ تعالیٰ دلوں کی چھپی اور ظاہر ہر بات جانتا ہے — برے اعمال کرنے والوں کی قیامت کے دن حسرت

(1) ...... سورۂ آلِ عمران کی آیت نمبر 29، 30 ہر شخص کی اصلاح کیلئے کافی ہے۔ اس آیت پر جتنا زیادہ غور کریں گے اتنا ہی دل میں خوفِ خدا پیدا ہوگا اور گناہوں سے نفرت پیدا ہوگی۔

مَا عَمِلَتْ مِنْ سُوْٓءٍ ۚۛ تَوَدُّ لَوْ اَنَّ

اَنَّ	لَوْ	تَوَدُّ	سُوْٓءٍ	مِنْ	عَمِلَتْ	مَا
کہ	کاش	تمنا کرے گی، چاہے گی (وہ جان)	برائی	سے	اس نے عمل کیا	جو

موجود پائے گا تو تمنا کرے گا کہ کاش

بَيْنَهَا وَ بَيْنَهٗۤ اَمَدًۢا بَعِيْدًا ؕ وَ

وَ	اَمَدًۢا بَعِيْدًا	بَيْنَهٗۤ	وَ	بَيْنَهَا
اور	دور دراز کا فاصلہ (ہوتا)	اس (شخص) کے درمیان	اور	اس (برے کام) کے درمیان

اس کے درمیان اور اس کے اعمال کے درمیان کوئی دور دراز کی مسافت (حائل) ہو جائے اور

يُحَذِّرُكُمُ اللّٰهُ نَفْسَهٗ ؕ وَ اللّٰهُ رَءُوْفٌۢ بِالْعِبَادِ ﴿۳۰﴾ ع قُلْ

قُلْ	بِالْعِبَادِ ﴿۳۰﴾	رَءُوْفٌ	اللّٰهُ	وَ	نَفْسَهٗ	اللّٰهُ	يُحَذِّرُكُمُ
تم کہو	بندوں پر	بہت مہربان	اللہ	اور	اپنی ذات (سے)	اللہ	ڈراتا ہے تمہیں

اللہ تمہیں اپنے عذاب سے ڈراتا ہے اور اللہ بندوں پر بڑا مہربان ہے ○ اے حبیب! فرمادو

اِنْ كُنْتُمْ تُحِبُّوْنَ اللّٰهَ فَاتَّبِعُوْنِيْ يُحْبِبْكُمُ اللّٰهُ

اللّٰهُ	يُحْبِبْكُمُ	فَاتَّبِعُوْنِيْ (2)	اللّٰهَ	تُحِبُّوْنَ (1)	كُنْتُمْ	اِنْ
اللہ	محبت رکھے گا تم سے	تو پیروی کرو میری	اللہ (سے)	محبت رکھتے	تم ہو	اگر

کہ اے لوگو! اگر تم اللہ سے محبت کرتے ہو تو میرے فرمانبردار بن جاؤ اللہ تم سے محبت فرمائے گا

وَ يَغْفِرْ لَكُمْ ذُنُوْبَكُمْ ؕ وَ اللّٰهُ غَفُوْرٌ رَّحِيْمٌ ﴿۳۱﴾

رَّحِيْمٌ ﴿۳۱﴾	غَفُوْرٌ	اللّٰهُ	وَ	ذُنُوْبَكُمْ	لَكُمْ	يَغْفِرْ	وَ
مہربان	بخشنے والا	اللہ	اور	تمہارے گناہ	تمہارے لئے	بخش دے گا	اور

اور تمہارے گناہ بخش دے گا اور اللہ بخشنے والا مہربان ہے ○

عنوان: نبی کریم صَلَّی اللہُ تَعَالٰی عَلَیْہِ وَاٰلِہٖ وَسَلَّم کی اتباع محبتِ الٰہی کی دلیل ہے

(1)...... اس آیت سے معلوم ہوا کہ اللہ تعالیٰ کی محبت کا دعویٰ جب ہی سچا ہو سکتا ہے جب آدمی سرکارِ دو عالم صَلَّی اللہُ تَعَالٰی عَلَیْہِ وَاٰلِہٖ وَسَلَّم کی اتباع کرنے والا ہو اور حضورِ اقدس صَلَّی اللہُ تَعَالٰی عَلَیْہِ وَاٰلِہٖ وَسَلَّم کی اطاعت اختیار کرے۔ (2)...... اس آیت سے معلوم ہوا کہ ہر شخص کو حضور پر نور صَلَّی اللہُ تَعَالٰی عَلَیْہِ وَاٰلِہٖ وَسَلَّم کی اتباع اور پیروی کرنا ضروری ہے۔

قُلْ اَطِيْعُوا اللّٰهَ وَالرَّسُوْلَ ۚ فَاِنْ تَوَلَّوْا فَاِنَّ اللّٰهَ

قُلْ	اَطِيْعُوا	اللّٰهَ	وَ	الرَّسُوْلَ (1)	فَاِنْ	تَوَلَّوْا	فَاِنَّ	اللّٰهَ
تم کہو	اطاعت کرو	اللہ	اور	رسول (کی)	پھر اگر	وہ (لوگ) منہ پھیریں	تو بیشک	اللہ

تم فرمادو کہ اللہ اور رسول کی فرمانبرداری کرو پھر اگر وہ منہ پھیریں تو اللہ

لَا يُحِبُّ الْكٰفِرِيْنَ ﴿۳۲﴾ اِنَّ اللّٰهَ اصْطَفٰٓى اٰدَمَ وَنُوْحًا

لَا يُحِبُّ	الْكٰفِرِيْنَ ﴿۳۲﴾	اِنَّ	اللّٰهَ	اصْطَفٰٓى	اٰدَمَ	وَ	نُوْحًا
پسند نہیں فرماتا	کفر کرنے والوں (کو)	بیشک	اللہ	اس نے چن لیا	آدم	اور	نوح

کافروں کو پسند نہیں کرتا ○ بیشک اللہ نے آدم اور نوح

وَاٰلَ اِبْرٰهِيْمَ وَاٰلَ عِمْرٰنَ عَلَى الْعٰلَمِيْنَ ﴿۳۳﴾ ذُرِّيَّةً

وَ	اٰلَ اِبْرٰهِيْمَ	وَ	اٰلَ عِمْرٰنَ	عَلَى	الْعٰلَمِيْنَ ﴿۳۳﴾	ذُرِّيَّةً
اور	ابراہیم کی اولاد	اور	عمران کی اولاد (کو)	پر	تمام جہانوں	(یہ) ایک نسل (ہے)

اور ابراہیم کی اولاد اور عمران کی اولاد کو سارے جہان والوں پر چن لیا ○ یہ ایک نسل ہے

بَعْضُهَا مِنْۢ بَعْضٍ ۗ وَاللّٰهُ سَمِيْعٌ عَلِيْمٌ ﴿۳۴﴾ اِذْ قَالَتِ

بَعْضُهَا	مِنْۢ بَعْضٍ	وَ	اللّٰهُ	سَمِيْعٌ	عَلِيْمٌ ﴿۳۴﴾	اِذْ	قَالَتِ
اس کے بعض	بعض سے (ہیں)	اور	اللہ	سننے والا	جاننے والا	جب	کہا

جو ایک دوسرے سے ہے اور اللہ سننے والا، جاننے والا ہے ○ (یاد کرو) جب عمران کی بیوی نے

امْرَاَتُ عِمْرٰنَ رَبِّ اِنِّىْ نَذَرْتُ لَكَ مَا

امْرَاَتُ عِمْرٰنَ	رَبِّ	اِنِّىْ	نَذَرْتُ	لَكَ	مَا
عمران کی بیوی (نے)	اے میرے رب	بیشک میں	میں منت مانتی ہوں	تیرے لئے	(اس کی) جو

عرض کی: اے میرے رب! میں تیرے لئے نذر مانتی ہوں کہ

عنوان: اطاعتِ رسول کا انکار کرنے والے اللہ تعالیٰ کو ناپسند ہیں | اللہ تعالیٰ کے چنے ہوئے مقبول بندے | حضرت مریم رَضِیَ اللّٰہُ تَعَالٰی عَنْہَا کی والدہ کی نذر

(1) ...... تاجدارِ رسالت صَلَّی اللّٰہُ تَعَالٰی عَلَیْہِ وَاٰلِہٖ وَسَلَّم کی اطاعت ہی محبتِ الٰہی عَزَّوَجَلَّ کی دلیل ہے اور اسی پر نجات کا دارومدار ہے۔ اللہ تعالیٰ نے جنت کے حصول، اپنی خوشنودی اور قرب کو حضور پرنور صَلَّی اللّٰہُ تَعَالٰی عَلَیْہِ وَاٰلِہٖ وَسَلَّم کی غیر مشروط اطاعت کے ساتھ جوڑ دیا۔ اب رضا و قربِ الٰہی صرف رسول کریم صَلَّی اللّٰہُ تَعَالٰی عَلَیْہِ وَاٰلِہٖ وَسَلَّم کی محبت واطاعت اور اتباع وغلامی کے صدقے ملے گا اور اس کے علاوہ ہر راستہ مردود ہے۔

فِیْ بَطْنِیْ مُحَرَّرًا فَتَقَبَّلْ مِنِّیْ ۚ اِنَّكَ اَنْتَ السَّمِیْعُ

فِیْ بَطْنِیْ	مُحَرَّرًا	فَتَقَبَّلْ	مِنِّیْ	اِنَّكَ	اَنْتَ	السَّمِیْعُ
میرے پیٹ میں (ہے)	آزاد کیا ہوا	پس تو قبول فرما	مجھ سے	بیشک تو	تو (ہی)	سننے والا

میرے پیٹ میں جو اولاد ہے وہ خاص تیرے لئے آزاد (وقف) ہے تو تو مجھ سے (یہ) قبول کرلے بیشک تو ہی سننے والا

الْعَلِیْمُ ﴿۳۵﴾ فَلَمَّا وَضَعَتْهَا قَالَتْ رَبِّ اِنِّیْ

الْعَلِیْمُ ﴿۳۵﴾	فَلَمَّا	وَضَعَتْهَا	قَالَتْ	رَبِّ	اِنِّیْ
جاننے والا	پھر جب	اس نے جنا اسے	(تو) کہا	اے میرے رب	بیشک میں

جاننے والا ہے ○ پھر جب عمران کی بیوی نے بچی کو جنم دیا تو اس نے کہا اے میرے رب! میں نے تو

وَضَعْتُهَاۤ اُنْثٰىؕ وَاللّٰهُ اَعْلَمُ بِمَا وَضَعَتْؕ

وَضَعْتُهَاۤ	اُنْثٰى	وَ	اللّٰهُ	اَعْلَمُ	بِمَا	وَضَعَتْ
میں نے جنا ہے اسے	لڑکی	اور	اللہ	خوب جانتا ہے	ساتھ جو (اسے جو)	اس (عورت) نے جنا

لڑکی کو جنم دیا ہے حالانکہ اللہ بہتر جانتا ہے جو اس نے جنا

وَلَیْسَ الذَّكَرُ كَالْاُنْثٰىۚ وَاِنِّیْ سَمَّیْتُهَا

وَ	لَیْسَ	الذَّكَرُ	كَالْاُنْثٰى	وَ	اِنِّیْ	سَمَّیْتُهَا
اور	نہیں ہے	(اس کا مانگا ہوا) لڑکا	(اس) لڑکی کی طرح	اور	بیشک میں	میں نے نام رکھا اس کا

اور وہ لڑکا (جس کی خواہش تھی) اس لڑکی جیسا نہیں (جو اسے عطا کی گئی) اور (اس نے کہا کہ) میں نے اس بچی کا نام

مَرْیَمَ وَاِنِّیْۤ اُعِیْذُهَا بِكَ وَذُرِّیَّتَهَا مِنَ

مَرْیَمَ	وَ	اِنِّیْۤ	اُعِیْذُهَا (1)	بِكَ	وَ	ذُرِّیَّتَهَا	مِنَ
مریم	اور	بیشک میں	پناہ میں دیتی ہوں اسے	تیری	اور	اس کی اولاد (کو)	سے

مریم رکھا اور میں اسے اور اس کی اولاد کو شیطان مردود کے شر سے

عنوان حضرت مریم رَضِیَ اللہُ تَعَالٰی عَنْهَا کے میلاد اور دیگر واقعاتِ میلاد کا تذکرہ

(1) ..... حضرت مریم رَضِیَ اللہُ تَعَالٰی عَنْهَا کی والدہ نے حضرت مریم رَضِیَ اللہُ تَعَالٰی عَنْهَا اور ان کی اولاد کیلئے شیطان کے شر سے پناہ مانگی اور اللہ تعالیٰ نے اس دعا کو قبول فرمایا۔ لہٰذا یہ مقبول الفاظ ہیں، اپنی اولاد کیلئے ان الفاظ کے ساتھ دعا مانگتے رہنا چاہیے، اِنْ شَآءَ اللہ عَزَّوَجَلَّ کرم ہوگا۔

الشَّیْطٰنِ الرَّجِیْمِ ﴿۳۶﴾ فَتَقَبَّلَهَا رَبُّهَا بِقَبُوْلٍ

بِقَبُوْلٍ	رَبُّهَا	فَتَقَبَّلَهَا	الرَّجِیْمِ ﴿۳۶﴾	الشَّیْطٰنِ
قبولیت کے ساتھ	اس کے رب (نے)	پس قبول فرمایا اسے	مردود	شیطان

تیری پناہ میں دیتی ہوں ○ تو اس کے رب نے اسے اچھی طرح

حَسَنٍ وَّ اَنْۢبَتَهَا نَبَاتًا حَسَنًا ۙ وَّ

وَّ	حَسَنًا	نَبَاتًا	اَنْۢبَتَهَا	وَّ	حَسَنٍ
اور	اچھا	بڑھانا، پروان چڑھانا	بڑھایا اسے، پروان چڑھایا اسے	اور	اچھی

قبول کیا اور اسے خوب پروان چڑھایا اور

كَفَّلَهَا زَكَرِیَّا ؕ كُلَّمَا دَخَلَ عَلَیْهَا زَكَرِیَّا

زَكَرِیَّا	عَلَیْهَا	دَخَلَ	كُلَّمَا	زَكَرِیَّا	كَفَّلَهَا
زکریا	اس پر	داخل ہوا	جب کبھی	زکریا (کی)	(اللہ نے) کفالت، نگہبانی میں دیا اسے

زکریا کو اس کا نگہبان بنا دیا، جب کبھی زکریا اس کے پاس اس کی نماز پڑھنے کی

الْمِحْرَابَ ۙ وَجَدَ عِنْدَهَا رِزْقًا ۚ قَالَ یٰمَرْیَمُ

یٰمَرْیَمُ	قَالَ	رِزْقًا	عِنْدَهَا	وَجَدَ (1)	الْمِحْرَابَ
اے مریم	اس نے کہا	رزق	اس کے پاس	اس نے پایا	محراب (عبادت خانے میں)

جگہ جاتے تو اس کے پاس پھل پاتے۔ (زکریا نے) سوال کیا، اے مریم!

اَنّٰى لَكِ هٰذَا ؕ قَالَتْ هُوَ مِنْ عِنْدِ اللّٰهِ ؕ اِنَّ

اِنَّ	عِنْدِ اللّٰهِ	مِنْ	هُوَ	قَالَتْ	هٰذَا	لَكِ	اَنّٰى
بیشک	اللہ کے پاس	سے	وہ	(مریم نے) کہا	یہ (رزق)	تیرے لئے	کہاں سے (آیا)

یہ تمہارے پاس کہاں سے آتا ہے؟ انہوں نے جواب دیا: یہ اللہ کی طرف سے ہے، بیشک

عنوان: حضرت مریم رَضِیَ اللّٰہُ تَعَالٰی عَنْہَا کی بارگاہِ الٰہی میں مقبولیت — حضرت مریم رَضِیَ اللّٰہُ تَعَالٰی عَنْہَا کو غیب سے رزق عطا ہونا

(1)...... جب حضرت زکریا عَلَیْہِ الصَّلٰوۃُ وَالسَّلَام عبادت خانے میں حضرت مریم رَضِیَ اللّٰہُ تَعَالٰی عَنْہَا کے پاس جاتے تو وہاں بے موسم کے پھل پاتے۔ حضرت زکریا عَلَیْہِ الصَّلٰوۃُ وَالسَّلَام نے ان پھلوں کے بارے دریافت فرمایا تو آپ رَضِیَ اللّٰہُ تَعَالٰی عَنْہَا نے کہا: یہ اللہ تعالیٰ کی طرف سے ہے۔ اس سے معلوم ہوا کہ اللہ تعالیٰ اپنے اولیاء کو کرامات سے نوازتا اور ان کے ہاتھوں پر خلافِ عادت چیزیں ظاہر فرماتا ہے۔

اللّٰهَ یَرْزُقُ مَنْ یَّشَآءُ بِغَیْرِ حِسَابٍ ۝۳۷ هُنَالِكَ دَعَا زَكَرِیَّا

اللّٰهَ	یَرْزُقُ	مَنْ	یَّشَآءُ	بِغَیْرِ حِسَابٍ ۝۳۷	هُنَالِكَ (1)	دَعَا	زَكَرِیَّا
اللہ	رزق دیتا ہے	جسے	وہ چاہے	حساب کے بغیر	وہیں (اسی جگہ)	دعا کی	زکریا (نے)

اللہ جسے چاہتا ہے بے شمار رزق عطا فرماتا ہے ۝ وہیں زکریا نے اپنے رب سے

رَبَّهٗ ۚ قَالَ رَبِّ هَبْ لِیْ مِنْ لَّدُنْكَ

رَبَّهٗ	قَالَ	رَبِّ	هَبْ	لِیْ	مِنْ	لَّدُنْكَ
اپنے رب (سے)	کہا، عرض کی	اے میرے رب	تو عطا فرما	میرے لئے (مجھے)	سے	اپنے پاس

دعا مانگی، عرض کی: اے میرے رب! مجھے اپنی بارگاہ سے پاکیزہ اولاد

ذُرِّیَّةً طَیِّبَةً ۚ اِنَّكَ سَمِیْعُ الدُّعَآءِ ۝۳۸ فَنَادَتْهُ الْمَلٰٓئِكَةُ

ذُرِّیَّةً	طَیِّبَةً (2)	اِنَّكَ	سَمِیْعُ الدُّعَآءِ ۝۳۸	فَنَادَتْهُ	الْمَلٰٓئِكَةُ
اولاد	پاکیزہ	بیشک تو	دعا سننے والا (ہے)	تو آواز دی اسے	فرشتوں (نے)

عطا فرما، بیشک تو ہی دعا سننے والا ہے ۝ تو فرشتوں نے اسے پکار کر کہا

وَهُوَ قَآئِمٌ یُّصَلِّیْ فِی الْمِحْرَابِ ۙ اَنَّ اللّٰهَ

وَ	هُوَ	قَآئِمٌ	یُّصَلِّیْ	فِی	الْمِحْرَابِ	اَنَّ	اللّٰهَ
اور (جبکہ)	وہ	کھڑے	نماز پڑھ رہے تھے	میں	محراب، نماز کی جگہ	بیشک	اللہ

جبکہ وہ اپنی نماز کی جگہ کھڑے نماز پڑھ رہے تھے کہ بیشک اللہ

یُبَشِّرُكَ بِیَحْیٰی مُصَدِّقًۢا بِكَلِمَةٍ مِّنَ اللّٰهِ وَ

یُبَشِّرُكَ	بِیَحْیٰی	مُصَدِّقًا	بِكَلِمَةٍ	مِّنَ	اللّٰهِ	وَ
خوشخبری دیتا ہے تمہیں	یحییٰ کی	تصدیق کرنے والا	ایک کلمہ کی	کی طرف سے	اللہ	اور

آپ کو یحییٰ کی خوشخبری دیتا ہے جو اللہ کی طرف کے ایک کلمہ کی تصدیق کرے گا اور

عنوان

محرابِ مریم میں پاکیزہ اولاد کے لئے حضرت زکریا عَلَیْہِ الصَّلٰوۃُ وَالسَّلَام کی دعا

حضرت زکریا عَلَیْہِ الصَّلٰوۃُ وَالسَّلَام کو حضرت یحییٰ عَلَیْہِ الصَّلٰوۃُ وَالسَّلَام کی بشارت اور ان کے اوصاف

(1)...... جس جگہ رحمتِ الٰہی کا نزول ہوا ہو وہاں دعا مانگنی چاہئے جیسے جس مقام پر حضرت مریم رَضِیَ اللّٰہُ تَعَالٰی عَنْہَا کو غیب سے رزق ملتا تھا وہیں حضرت زکریا عَلَیْہِ الصَّلٰوۃُ وَالسَّلَام نے دعا مانگی۔ اسی لئے خانہ کعبہ اور رسول اکرم صَلَّی اللّٰہُ تَعَالٰی عَلَیْہِ وَاٰلِہٖ وَسَلَّم کے روضہ اقدس اور مزاراتِ اولیاء پر دعا مانگنے میں زیادہ فائدہ ہے کہ یہ رحمتِ الٰہی کی بارش برسنے کے مقامات ہیں۔

(2)...... معلوم ہوا کہ صرف اولاد کی دعا نہیں کرنی چاہئے کہ اولاد تو سخت آزمائش بھی بن سکتی ہے۔ لہٰذا پاکیزہ کردار و عمل والی اولاد کی دعا کرنی چاہئے تاکہ اس سے دنیا و آخرت کا سکھ ملے۔

سَيِّدًا وَّ حَصُوْرًا وَّ نَبِيًّا مِّنَ الصّٰلِحِيْنَ ۝٣٩ قَالَ

سَيِّدًا	وَّ	حَصُوْرًا	وَّ	نَبِيًّا	مِّنَ	الصّٰلِحِيْنَ ۝٣٩	قَالَ
سردار	اور	عورتوں سے بچنے والا	اور	نبی	سے	نیک لوگوں	اس نے عرض کی

وہ سردار ہو گا اور ہمیشہ عورتوں سے بچنے والا اور صالحین میں سے ایک نبی ہو گا ○ عرض کی:

رَبِّ اَنّٰى يَكُوْنُ لِيْ غُلٰمٌ وَّ قَدْ

رَبِّ	اَنّٰى	يَكُوْنُ	لِيْ	غُلٰمٌ	وَّ	قَدْ
اے میرے رب	کہاں سے	ہو گا	میرے لئے	لڑکا	اور (حالانکہ)	تحقیق، بیشک

اے میرے رب میرے ہاں لڑکا کیسے پیدا ہو گا حالانکہ

بَلَغَنِيَ الْكِبَرُ وَ امْرَاَتِيْ عَاقِرٌ ؕ قَالَ كَذٰلِكَ اللّٰهُ يَفْعَلُ

بَلَغَنِيَ	الْكِبَرُ	وَ	امْرَاَتِيْ	عَاقِرٌ	قَالَ	كَذٰلِكَ	اللّٰهُ	يَفْعَلُ
پہنچ گیا مجھے	بڑھاپا	اور	میری بیوی	بانجھ (ہے)	فرمایا	اسی طرح	اللہ	کرتا ہے

مجھے بڑھاپا پہنچ چکا ہے اور میری بیوی بھی بانجھ ہے؟ اللہ نے فرمایا: اللہ یوں ہی جو چاہتا ہے

مَا يَشَآءُ ۝٤٠ قَالَ رَبِّ اجْعَلْ لِّيْۤ اٰيَةً ؕ قَالَ

مَا	يَشَآءُ ۝٤٠	قَالَ	رَبِّ	اجْعَلْ	لِّيْۤ	اٰيَةً (1)	قَالَ
جو	وہ چاہتا ہے	عرض کی	اے میرے رب	تو بنا دے	میرے لئے	کوئی نشانی	فرمایا

کرتا ہے ○ عرض کی: اے میرے رب! میرے لئے کوئی نشانی مقرر فرما دے۔ اللہ نے فرمایا:

اٰيَتُكَ اَلَّا تُكَلِّمَ النَّاسَ ثَلٰثَةَ اَيَّامٍ اِلَّا رَمْزًا ؕ

اٰيَتُكَ	اَلَّا تُكَلِّمَ	النَّاسَ	ثَلٰثَةَ اَيَّامٍ	اِلَّا	رَمْزًا
تیری نشانی	(یہ ہے) کہ تو کلام نہیں کرے گا	لوگوں (سے)	تین دن	مگر	اشارے (سے)

تیری نشانی یہ ہے کہ تم تین دن تک لوگوں سے صرف اشارہ سے بات چیت کر سکو گے

عنوان

بیٹے کی بشارت ملنے پر حضرت زکریا عَلَیْہِ الصَّلٰوۃُ وَالسَّلَام کی بارگاہِ الٰہی میں عرض

حضرت زکریا عَلَیْہِ الصَّلٰوۃُ وَالسَّلَام کی زوجہ کے حاملہ ہونے کی نشانی کا تقرر

(1) ...... حضرت زکریا عَلَیْہِ الصَّلٰوۃُ وَالسَّلَام نے حمل ٹھہر جانے کی صورت میں علامت ظاہر ہونے کا عرض کیا تا کہ اس وقت اور زیادہ شکر و عبادت میں مصروف ہو جائیں۔ اس سے معلوم ہوا کہ صالح فرزند ملنے پر رب عَزَّوَجَلَّ کا شکریہ ادا کرنا چاہئے، عقیقہ، صدقہ، خیرات، نوافل سب اسی نعمت کا شکریہ ہے اور چونکہ ہمارے آقا صَلَّی اللہُ تَعَالٰی عَلَیْہِ وَاٰلِہٖ وَسَلَّمَ، رَحْمَۃٌ لِّلْعٰلَمِیْن اور کائنات کی سب سے عظیم ترین نعمت ہیں اس لئے اس نعمت کا شکریہ ہم میلاد کی صورت میں ہمیشہ ادا کرتے رہتے ہیں۔

وَاذْكُرْ رَّبَّكَ كَثِيْرًا وَّسَبِّحْ بِالْعَشِيِّ وَالْاِبْكَارِ ﴿۴۱﴾ ع

وَ	اذْكُرْ	رَّبَّكَ	كَثِيْرًا	وَّ	سَبِّحْ	بِالْعَشِيِّ	وَ	الْاِبْكَارِ ﴿۴۱﴾
اور	یاد کر	اپنے رب (کو)	بہت	اور	پاکی بیان کر	شام میں	اور	صبح

اور اپنے رب کو کثرت سے یاد کرو اور صبح وشام اس کی تسبیح کرتے رہو ○

وَاِذْ قَالَتِ الْمَلٰٓئِكَةُ يٰمَرْيَمُ اِنَّ اللّٰهَ اصْطَفٰكِ وَ

وَ	اِذْ	قَالَتِ	الْمَلٰٓئِكَةُ	يٰمَرْيَمُ	اِنَّ	اللّٰهَ	اصْطَفٰكِ	وَ
اور	جب	کہا	فرشتوں (نے)	اے مریم	بیشک	اللہ	اس نے چن لیا تمہیں	اور

اور (یاد کرو) جب فرشتوں نے کہا، اے مریم، بیشک اللہ نے تمہیں چن لیا ہے اور

طَهَّرَكِ وَاصْطَفٰكِ عَلٰى نِسَآءِ الْعٰلَمِيْنَ ﴿۴۲﴾ يٰمَرْيَمُ

طَهَّرَكِ	وَ	اصْطَفٰكِ	عَلٰى	نِسَآءِ الْعٰلَمِيْنَ ﴿۴۲﴾ (1)	يٰمَرْيَمُ
خوب پاکیزہ کر دیا تمہیں	اور	چن لیا تمہیں	پر	تمام جہان کی عورتوں	اے مریم

تمہیں خوب پاکیزہ کر دیا ہے اور تمہیں سارے جہان کی عورتوں پر منتخب کر لیا ہے ○ اے مریم!

اقْنُتِيْ لِرَبِّكِ وَاسْجُدِيْ وَارْكَعِيْ

اقْنُتِيْ	لِرَبِّكِ	وَ	اسْجُدِيْ	وَ	ارْكَعِيْ
اطاعت کر، ادب سے کھڑی ہو	اپنے رب کے لئے (کے حضور)	اور	سجدہ کر	اور	رکوع کر

اپنے رب کی فرمانبرداری کرو اور اس کی بارگاہ میں سجدہ کرو اور رکوع والوں

مَعَ الرّٰكِعِيْنَ ﴿۴۳﴾ ذٰلِكَ مِنْ اَنْۢبَآءِ الْغَيْبِ نُوْحِيْهِ

مَعَ الرّٰكِعِيْنَ ﴿۴۳﴾	ذٰلِكَ	مِنْ	اَنْۢبَآءِ الْغَيْبِ (2)	نُوْحِيْهِ
رکوع کرنے والوں کے ساتھ	یہ	سے	غیب کی خبروں	ہم وحی (القا) کرتے ہیں اسے

کے ساتھ رکوع کرو ○ یہ غیب کی خبریں ہیں جو ہم خفیہ طور پر

عنوان
- حضرت مریم رَضِیَ اللّٰہُ تَعَالٰی عَنْہَا کو ان کی عظمت وشان کی بشارت
- حضرت مریم رَضِیَ اللّٰہُ تَعَالٰی عَنْہَا کو اطاعت وعبادت الٰہی کا حکم
- حضرت مریم رَضِیَ اللّٰہُ تَعَالٰی عَنْہَا کی کفالت کے لئے قرعہ اندازی

(1)...... اس آیت سے معلوم ہوا کہ حضرت مریم رَضِیَ اللّٰہُ تَعَالٰی عَنْہَا افضل ترین عورتوں میں سے ہیں، یہ بھی معلوم ہوا کہ بعض عورتیں مردوں سے افضل ہوتی ہیں، نیز اس سے ولیہ کی شان بھی ظاہر ہو رہی ہے۔

(2)...... اس آیت میں فرمایا گیا کہ حضرت مریم رَضِیَ اللّٰہُ تَعَالٰی عَنْہَا کا واقعہ غیب کی خبروں میں سے ہے۔ اس سے معلوم ہوا کہ اللہ تعالیٰ نے اپنے حبیب صَلَّی اللّٰہُ تَعَالٰی عَلَیْہِ وَاٰلِہٖ وَسَلَّم کو غیب کے علوم عطا فرمائے ہیں۔ تمام انبیاء کرام عَلَیْہِمُ الصَّلٰوۃُ وَالسَّلَام کے واقعات جو قرآن وحدیث میں آئے سب غیب کی خبریں ہیں۔

اِلَيْكَ ؕ وَمَا كُنْتَ لَدَيْهِمْ اِذْ يُلْقُوْنَ اَقْلَامَهُمْ

اِلَيْكَ	وَ	مَا كُنْتَ	لَدَيْهِمْ	اِذْ	يُلْقُوْنَ (1)	اَقْلَامَهُمْ
تمہاری طرف	اور	تم نہ تھے	ان کے پاس	جب	ڈال رہے تھے	اپنی قلمیں

تمہیں بتاتے ہیں اور تم ان کے پاس موجود نہ تھے جب وہ اپنی قلموں سے قرعہ ڈالتے تھے کہ

اَيُّهُمْ يَكْفُلُ مَرْيَمَ ۪ وَمَا كُنْتَ لَدَيْهِمْ اِذْ

اَيُّهُمْ	يَكْفُلُ	مَرْيَمَ	وَ	مَا كُنْتَ	لَدَيْهِمْ	اِذْ
ان میں کون	کفالت، پرورش کرے گا	مریم (کی)	اور	تم نہیں تھے	ان کے پاس	جب

ان میں کون مریم کی پرورش کرے گا اور تم ان کے پاس نہ تھے جب

يَخْتَصِمُوْنَ ﴿۴۴﴾ اِذْ قَالَتِ الْمَلٰٓئِكَةُ يٰمَرْيَمُ اِنَّ اللّٰهَ يُبَشِّرُكِ

يَخْتَصِمُوْنَ ﴿۴۴﴾	اِذْ	قَالَتِ	الْمَلٰٓئِكَةُ	يٰمَرْيَمُ	اِنَّ	اللّٰهَ	يُبَشِّرُكِ
وہ جھگڑ رہے تھے	جب	کہا	فرشتوں (نے)	اے مریم	بیشک	اللہ	بشارت دیتا ہے تجھے

وہ جھگڑ رہے تھے ۝ اور یاد کرو جب فرشتوں نے مریم سے کہا، اے مریم! اللہ تجھے

بِكَلِمَةٍ مِّنْهُ ۖ اسْمُهُ الْمَسِيْحُ عِيْسَى ابْنُ مَرْيَمَ

بِكَلِمَةٍ	مِّنْهُ	اسْمُهُ	الْمَسِيْحُ	عِيْسَى	ابْنُ مَرْيَمَ
ایک کلمہ کی	اپنی طرف سے	اس کا نام	مسیح	عیسیٰ	مریم کا بیٹا

اپنی طرف سے ایک خاص کلمے کی بشارت دیتا ہے جس کا نام مسیح، عیسیٰ بن مریم ہوگا۔

وَجِيْهًا فِي الدُّنْيَا وَالْاٰخِرَةِ وَمِنَ الْمُقَرَّبِيْنَ ﴿۴۵﴾ وَ

وَجِيْهًا	فِي الدُّنْيَا	وَ	الْاٰخِرَةِ	وَ	مِنَ	الْمُقَرَّبِيْنَ ﴿۴۵﴾	وَ
وجاہت والا، عزت والا	دنیا میں	اور	آخرت	اور	سے	قرب والوں	اور

وہ دنیا و آخرت میں بڑی عزت والا ہوگا اور اللہ کے مُقرَّب بندوں میں سے ہوگا ۝ اور

عنوان: حضرت مریم رَضِیَ اللہُ تَعَالٰی عَنْہَا کو حضرت عیسیٰ عَلَیْہِ الصَّلٰوۃُ وَالسَّلَام کی بشارت اور ان کے اوصاف

(1) چونکہ بہت سے لوگ حضرت مریم رَضِیَ اللہُ تَعَالٰی عَنْہَا کی پرورش کے امیدوار تھے، اس لئے آپس میں بحث و مباحثہ کے بعد انہوں نے قرعہ اندازی پر فیصلہ چھوڑ دیا۔ اس سے معلوم ہوا کہ عام معاملات میں قرعہ اندازی سے بھی فیصلہ کیا جاسکتا ہے جیسے تاجدارِ رسالت صَلَّی اللہُ تَعَالٰی عَلَیْہِ وَاٰلِہٖ وَسَلَّم سفر میں ساتھ لیجانے کیلئے ازواجِ مطہرات کے درمیان قرعہ اندازی فرمایا کرتے تھے۔

يُكَلِّمُ النَّاسَ فِي الْمَهْدِ وَ كَهْلًا وَّ مِنَ الصّٰلِحِيْنَ ﴿٤٦﴾

يُكَلِّمُ	النَّاسَ	فِي الْمَهْدِ	وَ	كَهْلًا	وَّ	مِنَ	الصّٰلِحِيْنَ ﴿٤٦﴾ [1]
وہ کلام کرے گا	لوگوں (سے)	جھولے میں	اور	پکی عمر (میں)	اور	سے	نیک لوگوں

وہ لوگوں سے جھولے میں اور بڑی عمر میں بات کرے گا اور خاص بندوں میں سے ہوگا ○

قَالَتْ رَبِّ اَنّٰى يَكُوْنُ لِيْ وَلَدٌ وَّ

قَالَتْ	رَبِّ	اَنّٰى	يَكُوْنُ	لِيْ	وَلَدٌ	وَّ
(مریم نے) عرض کی	اے میرے رب	کیسے	ہوگا	میرے لئے	بچہ	اور (حالانکہ)

(مریم نے) عرض کیا: اے میرے رب! میرے ہاں بچہ کیسے ہوگا؟

لَمْ يَمْسَسْنِيْ بَشَرٌ ؕ قَالَ كَذٰلِكِ اللّٰهُ يَخْلُقُ مَا يَشَآءُ ؕ

لَمْ يَمْسَسْنِيْ	بَشَرٌ	قَالَ	كَذٰلِكِ	اللّٰهُ	يَخْلُقُ	مَا	يَشَآءُ
نہیں چھوا مجھے	کسی آدمی (نے)	فرمایا	اسی طرح	اللہ	پیدا کرتا ہے	جو	وہ چاہتا ہے

مجھے تو کسی شخص نے ہاتھ بھی نہیں لگایا۔ اللہ نے فرمایا: اللہ یوں ہی جو چاہتا ہے پیدا کرتا ہے،

اِذَا قَضٰۤى اَمْرًا فَاِنَّمَا يَقُوْلُ لَهٗ كُنْ فَيَكُوْنُ ﴿٤٧﴾

اِذَا	قَضٰۤى	اَمْرًا	فَاِنَّمَا	يَقُوْلُ	لَهٗ	كُنْ	فَيَكُوْنُ ﴿٤٧﴾
جب	وہ فیصلہ کرتا ہے	کسی کام (کا)	تو صرف	فرماتا ہے	اس سے	ہوجا	تو وہ ہوجاتا ہے

جب وہ کسی کام کا فیصلہ فرمالیتا ہے تو اسے صرف اتنا فرماتا ہے، "ہو جا" تو وہ کام فوراً ہو جاتا ہے ○

وَ يُعَلِّمُهُ الْكِتٰبَ وَ الْحِكْمَةَ وَ التَّوْرٰىةَ وَ الْاِنْجِيْلَ ﴿٤٨﴾ ج

وَ	يُعَلِّمُهُ	الْكِتٰبَ	وَ	الْحِكْمَةَ	وَ	التَّوْرٰىةَ	وَ	الْاِنْجِيْلَ ﴿٤٨﴾
اور	(اللہ) سکھائے گا اسے	کتاب	اور	حکمت	اور	تورات	اور	انجیل

اور اللہ اسے کتاب اور حکمت اور توریت اور انجیل سکھائے گا ○

عنوان: بیٹے کی بشارت ملنے پر حضرت مریم رَضِیَ اللہُ تَعَالٰی عَنْہَا کی بارگاہِ الٰہی میں عرض — حضرت عیسیٰ عَلَیْہِ الصَّلٰوۃُ وَالسَّلَام کو کتاب و حکمت کی تعلیم

(1) مجموعی طور پر سورۂ آل عمران کی آیت نمبر 45 اور 46 میں حضرت عیسیٰ عَلَیْہِ الصَّلٰوۃُ وَالسَّلَام کی بہت سی صفات بیان ہوئیں، جیسے کلمۃُ اللہ ہونا، مسیح ہونا، حضرت مریم رَضِیَ اللہُ تَعَالٰی عَنْہَا کا بیٹا ہونا، بغیر باپ کے پیدا ہونا، دنیا و آخرت میں عزت والا ہونا اور بارگاہِ الٰہی عَزَّوَجَلَّ میں بہت زیادہ قرب و منزلت رکھنے والا ہونا وغیرہ۔ اس سے معلوم ہوا کہ پیغمبروں عَلَیْہِمُ الصَّلٰوۃُ وَالسَّلَام کی نعت خوانی سنتِ الٰہیہ ہے، اللہ تعالیٰ اس کی توفیق عطا فرمائے۔

وَرَسُوْلًا اِلٰى بَنِیْۤ اِسْرَآءِیْلَ ۙ۬ اَنِّیْ قَدْ

وَ	رَسُوْلًا	اِلٰى	بَنِیْۤ اِسْرَآءِیْلَ (1)	اَنِّیْ	قَدْ
اور	رسول	کی طرف	بنی اسرائیل، اولادِ یعقوب	بیشک میں	تحقیق، بیشک

اور (وہ عیسیٰ) بنی اسرائیل کی طرف رسول ہوگا کہ میں

جِئْتُكُمْ بِاٰیَةٍ مِّنْ رَّبِّكُمْ ۙ اَنِّیْۤ اَخْلُقُ

جِئْتُكُمْ	بِاٰیَةٍ	مِّنْ	رَّبِّكُمْ	اَنِّیْۤ	اَخْلُقُ
آیا ہوں تمہارے پاس	نشانی کے ساتھ	کی طرف سے	تمہارے رب	بیشک میں	بناتا ہوں

تمہارے رب کی طرف سے تمہارے پاس ایک نشانی لایا ہوں، وہ یہ کہ میں تمہارے لئے

لَكُمْ مِّنَ الطِّیْنِ كَهَیْــٴَـةِ الطَّیْرِ فَاَنْفُخُ فِیْهِ

لَكُمْ	مِّنَ	الطِّیْنِ	كَهَیْــٴَـةِ الطَّیْرِ	فَاَنْفُخُ	فِیْهِ
تمہارے لئے	سے	مٹی	پرندے کی صورت جیسی	پھر پھونک ماروں گا	اس میں

مٹی سے پرندے جیسی ایک شکل بناتا ہوں پھر اس میں پھونک ماروں گا

فَیَكُوْنُ طَیْرًۢا بِاِذْنِ اللّٰهِ ۚ وَ اُبْرِئُ الْاَكْمَهَ

فَیَكُوْنُ	طَیْرًا	بِاِذْنِ اللّٰهِ	وَ	اُبْرِئُ (2)	الْاَكْمَهَ
تو وہ ہو جاتا ہے	پرندہ	اللہ کے حکم سے	اور	میں تندرست کر دیتا ہوں، شفا دیتا ہوں	پیدائشی اندھے

تو وہ اللہ کے حکم سے فوراً پرندہ بن جائے گی اور میں پیدائشی اندھوں کو

وَالْاَبْرَصَ وَاُحْیِ الْمَوْتٰى بِاِذْنِ اللّٰهِ ۚ وَ

وَ	الْاَبْرَصَ	وَ	اُحْیِ	الْمَوْتٰى	بِاِذْنِ اللّٰهِ	وَ
اور	برص والے، سفید داغ والے (کو)	اور	زندہ کرتا ہوں	مردے	اللہ کے حکم سے	اور

اور کوڑھ کے مریضوں کو شفا دیتا ہوں اور میں اللہ کے حکم سے مردوں کو زندہ کرتا ہوں اور

عنوان: حضرت عیسیٰ عَلَیْهِ الصَّلٰوۃُ وَالسَّلَام کے معجزات

(1) ...... معلوم ہوا کہ حضرت عیسیٰ عَلَیْهِ الصَّلٰوۃُ وَالسَّلَام صرف بنی اسرائیل کے نبی تھے۔ یہی بات موجودہ بائبل میں بھی موجود ہے۔

(2) ...... شفا دینے، مشکلات دور کرنے وغیرہ کے الفاظ اللہ تعالیٰ کے علاوہ کسی اور کیلئے استعمال کرنا شرک نہیں لہٰذا یہ کہنا جائز ہے کہ رسول اللہ صَلَّی اللّٰهُ تَعَالٰی عَلَیْهِ وَاٰلِهٖ وَسَلَّم مشکل کشا اور دافع البلاء ہیں یا، اللہ عَزَّوَجَلَّ کے پیارے اولاد عطا فرماتے ہیں کیونکہ حضرت عیسیٰ عَلَیْهِ الصَّلٰوۃُ وَالسَّلَام نے فرمایا کہ میں مردے زندہ کرتا ہوں، میں لاعلاج بیماروں کو اچھا کرتا ہوں، میں غیبی خبریں دیتا ہوں، حالانکہ یہ تمام کام رب عَزَّوَجَلَّ کے ہیں۔

أُنَبِّئُكُم بِمَا تَأْكُلُونَ وَمَا تَدَّخِرُونَ لا فِي

أُنَبِّئُكُم	بِمَا	تَأْكُلُونَ	وَ	مَا	تَدَّخِرُونَ	فِي
خبر دیتا ہوں تمہیں	ساتھ جو (اس کی جو)	تم کھاتے ہو	اور	جو	ذخیرہ کرتے ہو	میں

تمہیں غیب کی خبر دیتا ہوں جو تم کھاتے ہو اور جو اپنے گھروں میں

بُيُوتِكُمْ ط إِنَّ فِي ذَٰلِكَ لَآيَةً لَّكُمْ إِن كُنتُم

بُيُوتِكُمْ (1)	إِنَّ	فِي	ذَٰلِكَ	لَآيَةً	لَّكُمْ	إِن	كُنتُم
اپنے گھروں	بیشک	میں	اس	ضرور نشانی (ہے)	تمہارے لئے	اگر	تم ہو

جمع کرتے ہو، بیشک ان باتوں میں تمہارے لئے بڑی نشانی ہے اگر تم

مُّؤْمِنِينَ ﴿۴۹﴾ ج وَمُصَدِّقًا لِّمَا بَيْنَ يَدَيَّ مِنَ

مُّؤْمِنِينَ ﴿۴۹﴾	وَ	مُصَدِّقًا	لِّمَا	بَيْنَ يَدَيَّ	مِنَ
ایمان والے	اور	تصدیق کرنے والا (ہوں)	کے لئے جو (اس کی جو)	میرے آگے (ہے)	سے

ایمان رکھتے ہو ○ اور مجھ سے پہلے جو توریت کتاب ہے اس کی تصدیق کرنے والا

التَّوْرَاةِ وَلِأُحِلَّ لَكُم بَعْضَ الَّذِي حُرِّمَ

التَّوْرَاةِ	وَ	لِأُحِلَّ (2)	لَكُم	بَعْضَ	الَّذِي	حُرِّمَ
توراۃ	اور	تاکہ میں حلال کردوں	تمہارے لئے	بعض	وہ (چیزیں) جو	حرام کی گئیں

بن کر آیا ہوں اور اس لئے کہ تمہارے لئے کچھ وہ چیزیں حلال کردوں جو تم پر حرام کی گئی

عَلَيْكُمْ وَجِئْتُكُم بِآيَةٍ مِّن رَّبِّكُمْ قف

عَلَيْكُمْ	وَ	جِئْتُكُم	بِآيَةٍ	مِّن	رَّبِّكُمْ
تمہارے اوپر	اور	میں آیا ہوں تمہارے پاس	نشانی کے ساتھ	کی طرف سے	تمہارے رب

تھیں اور میں تمہارے پاس تمہارے رب کی طرف سے نشانی لے کر آیا ہوں

عنوان حضرت عیسیٰ عَلَیْہِ الصَّلٰوۃُ وَالسَّلَام کی تشریف آوری کے مقاصد

(1)...... حضرت عیسیٰ عَلَیْہِ الصَّلٰوۃُ وَالسَّلَام گھروں میں رکھی ہوئی چیزوں کو بھی جانتے تھے۔ اس سے معلوم ہوا کہ محبوبانِ خدا غیب کی خبریں جانتے ہیں اور یہ بھی کہ محبوبانِ خدا کیلئے علومِ غیبیہ ماننا توحید کے منافی نہیں بلکہ اللہ تعالیٰ کی عطا کا انکار کرنا توحید کے منافی ہے۔ (2)...... اس آیت سے معلوم ہوا کہ انبیاء کرام عَلَیْہِمُ الصَّلٰوۃُ وَالسَّلَام اذنِ خداوندی سے حلال و حرام قرار دینے کا اختیار رکھتے ہیں کیونکہ آپ عَلَیْہِ الصَّلٰوۃُ وَالسَّلَام نے فرمایا کہ میں تمہارے لئے بعض سابقہ حرام چیزوں کو حلال کرتا ہوں۔

فَاتَّقُوا اللّٰهَ وَ اَطِيْعُوْنِ ۝٥٠ اِنَّ اللّٰهَ رَبِّيْ وَ رَبُّكُمْ

فَاتَّقُوا	اللّٰهَ	وَ	اَطِيْعُوْنِ ۝٥٠	اِنَّ	اللّٰهَ	رَبِّيْ (1)	وَ	رَبُّكُمْ
تو ڈرو	اللہ (سے)	اور	اطاعت کرو میری	بیشک	اللہ	میرا رب	اور	تمہارا رب (ہے)

تو اللہ سے ڈرو اور میری اطاعت کرو ۝ بیشک اللہ میرا اور تمہارا سب کا رب ہے

فَاعْبُدُوْهُ ؕ هٰذَا صِرَاطٌ مُّسْتَقِيْمٌ ۝٥١ فَلَمَّاۤ اَحَسَّ عِيْسٰى

فَاعْبُدُوْهُ	هٰذَا	صِرَاطٌ	مُّسْتَقِيْمٌ ۝٥١	فَلَمَّاۤ	اَحَسَّ	عِيْسٰى
تو عبادت کرو اس کی	یہ	راستہ	سیدھا	پھر جب	محسوس کیا، جانا	عیسیٰ (نے)

تو اسی کی عبادت کرو۔ یہی سیدھا راستہ ہے ۝ پھر جب عیسیٰ نے ان (بنی اسرائیل) سے

مِنْهُمُ الْكُفْرَ قَالَ مَنْ اَنْصَارِيْۤ اِلَى اللّٰهِ ؕ قَالَ

مِنْهُمُ	الْكُفْرَ	قَالَ	مَنْ	اَنْصَارِيْۤ (2)	اِلَى	اللّٰهِ	قَالَ
ان سے	کفر	کہا، فرمایا	کون	میرا مددگار (ہوگا)	کی طرف	اللہ	کہا

کفر پایا تو فرمایا: اللہ کی طرف ہو کر کون میرا مددگار ہوتا ہے؟ مخلص ساتھیوں

الْحَوَارِيُّوْنَ نَحْنُ اَنْصَارُ اللّٰهِ ۚ اٰمَنَّا بِاللّٰهِ ۚ وَ

الْحَوَارِيُّوْنَ	نَحْنُ	اَنْصَارُ اللّٰهِ	اٰمَنَّا	بِاللّٰهِ	وَ
حواریوں (نے)	ہم	اللہ (کے دین) کے مددگار (ہیں)	ہم ایمان لائے	اللہ پر	اور

نے کہا: ”ہم اللہ کے دین کے مددگار ہیں۔ ہم اللہ پر ایمان لائے ہیں اور

اشْهَدْ بِاَنَّا مُسْلِمُوْنَ ۝٥٢ رَبَّنَاۤ اٰمَنَّا

اشْهَدْ	بِاَنَّا	مُسْلِمُوْنَ ۝٥٢	رَبَّنَاۤ	اٰمَنَّا
آپ گواہ ہو جائیں	کہ ہم	اسلام لانے والے (ہیں)	اے ہمارے رب	ہم ایمان لائے

آپ اس پر گواہ ہو جائیں کہ ہم یقیناً مسلمان ہیں ۝ اے ہمارے رب! ہم اس کتاب پر ایمان

عنوان: عبادتِ الٰہی کا راستہ سیدھا راستہ ہے | حضرت عیسیٰ عَلَیْہِ الصَّلٰوۃُ وَالسَّلَام کے مددگار | حضرت عیسیٰ عَلَیْہِ الصَّلٰوۃُ وَالسَّلَام کے حواریوں کی دعا

(1)...... حضرت عیسیٰ عَلَیْہِ الصَّلٰوۃُ وَالسَّلَام کا یہ فرمانا اپنی عبدیت یعنی بندہ ہونے کا اقرار اور اپنی ربوبیت یعنی رب ہونے کا انکار ہے اس میں عیسائیوں کا رد ہے۔ اس سے معلوم ہوا کہ انبیاء و اولیاء کے معجزات یا کرامات ماننا شرک نہیں اور اس سے یہ لازم نہیں آتا کہ ہم نے انہیں رب مان لیا۔ اس سے مسلمانوں کو مشرک کہنے والوں کو عبرت پکڑنی چاہیے۔ (2)...... اس سے معلوم ہوا کہ بوقتِ مصیبت اللہ عَزَّوَجَلَّ کے بندوں سے مدد مانگنا سنتِ پیغمبر ہے۔

بِمَاۤ اَنْزَلْتَ وَ اتَّبَعْنَا الرَّسُوْلَ فَاكْتُبْنَا

بِمَاۤ	اَنْزَلْتَ	وَ	اتَّبَعْنَا	الرَّسُوْلَ	فَاكْتُبْنَا
ساتھ جو (اس پر جو)	تونے نازل کیا، اتارا	اور	ہم نے پیروی کی	رسول (کی)	پس تو لکھ دے ہمیں

لائے جو تونے نازل فرمائی اور ہم نے رسول کی اِتّباع کی پس ہمیں

مَعَ الشّٰهِدِیْنَ ﴿۵۳﴾ وَ مَكَرُوْا وَ مَكَرَ اللّٰهُ ؕ

مَعَ الشّٰهِدِیْنَ ﴿۵۳﴾	وَ	مَكَرُوْا	وَ	مَكَرَ (1)	اللّٰهُ
گواہی دینے والوں کے ساتھ	اور	انہوں نے مکر کیا	اور	خفیہ تدبیر فرمائی	اللہ (نے)

گواہی دینے والوں میں سے لکھ دے ○ اور کافروں نے خفیہ منصوبہ بنایا اور اللہ نے خفیہ تدبیر فرمائی

وَ اللّٰهُ خَیْرُ الْمٰكِرِیْنَ ﴿۵۴﴾ ع اِذْ قَالَ اللّٰهُ یٰعِیْسٰۤى

وَ	اللّٰهُ	خَیْرُ الْمٰكِرِیْنَ ﴿۵۴﴾	اِذْ	قَالَ	اللّٰهُ	یٰعِیْسٰۤى
اور	اللہ	سب سے بہتر خفیہ تدبیر کرنے والا	جب	فرمایا	اللہ (نے)	اے عیسیٰ

اور اللہ سب سے بہتر خفیہ تدبیر فرمانے والا ہے ○ یاد کرو جب اللہ نے فرمایا: اے عیسیٰ!

اِنِّیْ مُتَوَفِّیْكَ وَ رَافِعُكَ اِلَیَّ وَ

اِنِّیْ	مُتَوَفِّیْكَ (2)	وَ	رَافِعُكَ	اِلَیَّ	وَ
بیشک میں	پوری عمر تک پہنچانے والا ہوں تجھے	اور	اٹھانے والا ہوں تجھے	اپنی طرف	اور

میں تمہیں پوری عمر تک پہنچاؤں گا اور تجھے اپنی طرف اٹھالوں گا اور

مُطَهِّرُكَ مِنَ الَّذِیْنَ كَفَرُوْا وَ جَاعِلُ

مُطَهِّرُكَ	مِنَ	الَّذِیْنَ	كَفَرُوْا	وَ	جَاعِلُ
خوب پاک کرنے والا ہوں تجھے	سے	ان لوگوں سے جو (جنہوں نے)	کفر کیا	اور	بنانے والا ہوں

تجھے کافروں سے نجات عطا کروں گا اور تیری

عنوان کافروں کا مکر اور اللہ تعالیٰ کی خفیہ تدبیر | حضرت عیسیٰ عَلَیْہِ الصَّلٰوۃُ وَالسَّلَام کے چار فضائل

(1) ...... اردو زبان میں لفظ "مکر" فریب کے معنی میں مستعمل ہوتا ہے اس لئے ہرگز شان الٰہی میں نہ کہا جائے گا اور اب عربی میں بھی دھوکے کے معنٰی میں معروف ہے اس لئے عربی میں بھی جواز کے کسی واضح قرینے کے بغیر شانِ الٰہی میں نہ بولا جائے، آیت میں جہاں کہیں مذکور ہوا ہے وہاں وہ خفیہ تدبیر کے معنی میں ہے۔

(2) ...... آیت کے ان الفاظ کو بنیاد بنا کر حضرت عیسیٰ عَلَیْہِ الصَّلٰوۃُ وَالسَّلَام کی وفات کا دعویٰ کرنا سراسر غلط ہے کیونکہ تَوَفِّی کا حقیقی معنی ہے "پورا کرنا" اور مجازی طور پر موت کے معنی میں بھی استعمال ہوتا ہے اور جب تک کوئی واضح قرینہ موجود نہ ہو اس وقت تک لفظ کا حقیقی معنی چھوڑ کر مجازی معنی مراد نہیں لیا جاسکتا۔

الَّذِیْنَ اتَّبَعُوْكَ فَوْقَ الَّذِیْنَ كَفَرُوْۤا

الَّذِیْنَ	اتَّبَعُوْكَ (1)	فَوْقَ	الَّذِیْنَ	كَفَرُوْۤا
ان لوگوں کو جو (جنھوں نے)	پیروی کی تمہاری	اوپر (غالب)	ان لوگوں کے جو (جنھوں نے)	کفر کیا

پیروی کرنے والوں کو قیامت تک تیرے منکروں پر

اِلٰى یَوْمِ الْقِیٰمَةِ ۚ ثُمَّ اِلَیَّ مَرْجِعُكُمْ فَاَحْكُمُ

اِلٰى	یَوْمِ الْقِیٰمَةِ	ثُمَّ	اِلَیَّ	مَرْجِعُكُمْ	فَاَحْكُمُ
تک	قیامت کے دن	پھر	میری طرف (ہوگا)	پلٹنا تمہارا	تو میں فیصلہ کردوں گا

غلبہ دوں گا پھر تم سب میری طرف پلٹ کر آؤ گے تو جن باتوں میں

بَیْنَكُمْ فِیْمَا كُنْتُمْ فِیْهِ تَخْتَلِفُوْنَ ﴿۵۵﴾ فَاَمَّا

بَیْنَكُمْ	فِیْمَا	كُنْتُمْ	فِیْهِ	تَخْتَلِفُوْنَ ﴿۵۵﴾	فَاَمَّا
تمہارے درمیان	(اس) میں جو	تم تھے	اس میں	اختلاف کرتے	پس بہر حال

تم جھگڑتے تھے ان باتوں کا میں تمہارے درمیان فیصلہ کردوں گا ○ پس

الَّذِیْنَ كَفَرُوْا فَاُعَذِّبُهُمْ عَذَابًا شَدِیْدًا فِی الدُّنْیَا

الَّذِیْنَ	كَفَرُوْا	فَاُعَذِّبُهُمْ	عَذَابًا	شَدِیْدًا	فِی الدُّنْیَا
وہ لوگ جو (جنھوں نے)	کفر کیا	تو میں عذاب دوں گا انہیں	عذاب	سخت	دنیا میں

جو لوگ کافر ہیں تو میں انہیں دنیا و آخرت میں سخت عذاب

وَ الْاٰخِرَةِ ۫ وَ مَا لَهُمْ مِّنْ نّٰصِرِیْنَ ﴿۵۶﴾ وَ اَمَّا

وَ	الْاٰخِرَةِ	وَ	مَا	لَهُمْ	مِّنْ	نّٰصِرِیْنَ ﴿۵۶﴾	وَ	اَمَّا
اور	آخرت	اور	نہیں (ہوگا)	ان کے لئے	سے	مددگاروں	اور	بہر حال

دوں گا اور ان کا کوئی مددگار نہ ہوگا ○ اور

عنوان: کافروں کی دنیوی اور اُخروی سزا | باعمل مسلمانوں کا اجر و ثواب

(1)...... حضرت عیسٰی عَلَیْهِ الصَّلٰوةُ وَالسَّلَام کے ماننے والوں سے مراد ہے "ان کو صحیح طور پر ماننے والے" اور صحیح ماننے والے یقیناً صرف مسلمان ہیں کیونکہ یہودی تو ویسے ہی حضرت عیسٰی عَلَیْهِ الصَّلٰوةُ وَالسَّلَام کے دشمن ہیں اور عیسائی انہیں خدا مانتے ہیں تو یہ "ماننا" تو بدترین قسم کا "نہ ماننا" ہے کہ حضرت عیسٰی عَلَیْهِ الصَّلٰوةُ وَالسَّلَام فرمائیں کہ اللہ عَزَّوَجَلَّ کے سوا کسی کو معبود نہ مانو اور یہ کہیں، نہیں، ہم تو آپ کو بھی معبود مانیں گے۔

الَّذِیْنَ اٰمَنُوْا وَ عَمِلُوا الصّٰلِحٰتِ فَیُوَفِّیْهِمْ اُجُوْرَهُمْؕ

الَّذِیْنَ	اٰمَنُوْا	وَ	عَمِلُوا	الصّٰلِحٰتِ	فَیُوَفِّیْهِمْ	اُجُوْرَهُمْ
وہ لوگ جو	ایمان لائے	اور	عمل کئے	نیک، اچھے	تو وہ پورا دے گا انہیں	ان کے اجر

جو ایمان لائے اور اچھے کام کئے تو اللہ انہیں ان کا پورا پورا اجر عطا فرمائے گا

وَ اللّٰهُ لَا یُحِبُّ الظّٰلِمِیْنَ ﴿۵۷﴾ ذٰلِكَ نَتْلُوْهُ عَلَیْكَ

وَ	اللّٰهُ	لَا یُحِبُّ	الظّٰلِمِیْنَ ﴿۵۷﴾	ذٰلِكَ	نَتْلُوْهُ	عَلَیْكَ
اور	اللہ	پسند نہیں فرماتا	ظلم کرنے والوں (کو)	یہ	ہم پڑھتے ہیں اسے	تمہارے اوپر

اور اللہ ظالموں کو پسند نہیں کرتا ○ یہ جو ہم تمہارے سامنے پڑھتے ہیں

مِنَ الْاٰیٰتِ وَ الذِّكْرِ الْحَكِیْمِ ﴿۵۸﴾ اِنَّ مَثَلَ عِیْسٰى عِنْدَ اللّٰهِ

مِنَ	الْاٰیٰتِ	وَ	الذِّكْرِ	الْحَكِیْمِ ﴿۵۸﴾	اِنَّ	مَثَلَ عِیْسٰى	عِنْدَ اللّٰهِ
سے	آیات	اور	نصیحت	حکمت والی	بیشک	عیسیٰ کی مثال	اللہ کے نزدیک

کچھ نشانیاں ہیں اور حکمت والی نصیحت ہے ○ بیشک عیسیٰ کی مثال اللہ کے نزدیک

كَمَثَلِ اٰدَمَؕ خَلَقَهٗ مِنْ تُرَابٍ ثُمَّ قَالَ لَهٗ كُنْ

كَمَثَلِ اٰدَمَ	خَلَقَهٗ	مِنْ	تُرَابٍ (1)	ثُمَّ	قَالَ	لَهٗ	كُنْ
آدم کی مثال جیسی (ہے)	(اللہ نے) بنایا اسے	سے	مٹی	پھر	فرمایا	اس سے	ہو جا

آدم کی طرح ہے جسے اللہ نے مٹی سے بنایا پھر اسے فرمایا: ”ہو جا“

فَیَكُوْنُ ﴿۵۹﴾ اَلْحَقُّ مِنْ رَّبِّكَ فَلَا تَكُنْ مِّنَ الْمُمْتَرِیْنَ ﴿۶۰﴾

فَیَكُوْنُ ﴿۵۹﴾	اَلْحَقُّ	مِنْ	رَّبِّكَ	فَلَا تَكُنْ (2)	مِّنَ	الْمُمْتَرِیْنَ ﴿۶۰﴾
تو وہ ہو گیا	حق	کی طرف سے	تمہارے رب	تو تم نہ ہونا	سے	شک کرنے والوں

تو وہ فوراً ہو گیا ○ اے سننے والے! حق تیرے رب کی طرف سے ہے پس تم شک کرنے والوں میں سے نہ ہونا ○

عنوان: حضرت عیسیٰ عَلَیْہِ الصَّلٰوۃُ وَالسَّلَام باپ کے بغیر پیدا ہوئے — حق بات میں شک نہ کرنے کا حکم

1 ...... یعنی جیسے حضرت آدم عَلَیْہِ الصَّلٰوۃُ وَالسَّلَام بغیر نطفہ کے بنے، ایسے ہی حضرت عیسیٰ عَلَیْہِ الصَّلٰوۃُ وَالسَّلَام، تو جب حضرت آدم عَلَیْہِ الصَّلٰوۃُ وَالسَّلَام خدا عَزَّوَجَلَّ کے بیٹے نہ ہوئے تو حضرت عیسیٰ عَلَیْہِ الصَّلٰوۃُ وَالسَّلَام خدا عَزَّوَجَلَّ کے بیٹے کیسے ہو سکتے ہیں؟ اس سے بھی معلوم ہوا کہ حضرت عیسیٰ عَلَیْہِ الصَّلٰوۃُ وَالسَّلَام بغیر باپ کے پیدا ہوئے۔

2 ...... یہاں خطاب نبی کریم صَلَّی اللّٰہُ تَعَالٰی عَلَیْہِ وَاٰلِہٖ وَسَلَّم سے نہیں بلکہ اِس آیت کو سننے والے ہر مخاطب سے ہے یا یہاں بھی بظاہر خطاب نبی اکرم صَلَّی اللّٰہُ تَعَالٰی عَلَیْہِ وَاٰلِہٖ وَسَلَّم سے ہے لیکن مراد آپ کی امت ہے کیونکہ آپ صَلَّی اللّٰہُ تَعَالٰی عَلَیْہِ وَاٰلِہٖ وَسَلَّم اس میں شک نہیں کر سکتے۔

فَمَنْ حَآجَّكَ فِيْهِ مِنْۢ بَعْدِ مَا جَآءَكَ

جَآءَكَ	مَا	بَعْدِ	مِنْۢ	فِيْهِ	حَآجَّكَ	فَمَنْ
آیا تمہارے پاس	جو	(اس کے) بعد	سے	اس (عیسیٰ کے بارے) میں	جھگڑے تم سے	پھر جو

پھر اے حبیب! تمہارے پاس علم آجانے کے بعد جو تم سے عیسیٰ کے بارے میں

مِنَ الْعِلْمِ فَقُلْ تَعَالَوْا نَدْعُ اَبْنَآءَنَا وَ اَبْنَآءَكُمْ

اَبْنَآءَكُمْ	وَ	اَبْنَآءَنَا	نَدْعُ	تَعَالَوْا	فَقُلْ	الْعِلْمِ	مِنَ
تمہارے بیٹوں (کو)	اور	اپنے بیٹوں	ہم بلاتے ہیں	آؤ	تو تم کہو	علم	سے

جھگڑا کریں تو تم ان سے فرمادو: آؤ ہم اپنے بیٹوں کو اور تمہارے بیٹوں کو

وَ نِسَآءَنَا وَ نِسَآءَكُمْ وَ اَنْفُسَنَا وَ اَنْفُسَكُمْ ۫ ثُمَّ

ثُمَّ	اَنْفُسَكُمْ	وَ	اَنْفُسَنَا	وَ	نِسَآءَكُمْ	وَ	نِسَآءَنَا	وَ
پھر	تمہاری جانوں (کو)	اور	اپنی جانوں	اور	تمہاری عورتوں (کو)	اور	اپنی عورتوں	اور

اور اپنی عورتوں کو اور تمہاری عورتوں کو اور اپنی جانوں کو اور تمہاری جانوں کو (مقابلے میں) بلالیتے ہیں پھر

نَبْتَهِلْ فَنَجْعَلْ لَّعْنَتَ اللّٰهِ عَلَى الْكٰذِبِيْنَ ﴿٦١﴾ اِنَّ

اِنَّ	الْكٰذِبِيْنَ ﴿٦١﴾	عَلَى	لَّعْنَتَ اللّٰهِ	فَنَجْعَلْ	نَبْتَهِلْ (1)
بیشک	جھوٹ بولنے والوں	پر	اللہ کی لعنت	تو کرتے ہیں، ڈالتے ہیں	ہم مباہلہ کرتے ہیں

مباہلہ کرتے ہیں اور جھوٹوں پر اللہ کی لعنت ڈالتے ہیں ○ بیشک

هٰذَا لَهُوَ الْقَصَصُ الْحَقُّ ۚ وَ مَا مِنْ اِلٰهٍ اِلَّا اللّٰهُ ؕ

اللّٰهُ	اِلَّا	اِلٰهٍ	مِنْ	مَا	وَ	الْحَقُّ	الْقَصَصُ	لَهُوَ	هٰذَا
اللہ	مگر	کوئی معبود	سے	نہیں	اور	حق، سچی	خبریں	ضرور وہ	یہ

یہی سچا بیان ہے اور اللہ کے سوا کوئی معبود نہیں

عنوان: حضرت عیسیٰ عَلَیْہِ الصَّلٰوۃُ وَالسَّلَام کو خدا ماننے والوں سے مباہلہ

(1) ...... مُباہَلہ کا عمومی مفہوم یہ ہے کہ دو مدمقابل افراد آپس میں یوں دعا کریں کہ اگر تم حق پر اور میں باطل پر ہوں تو اللہ تعالیٰ مجھے ہلاک کرے اور اگر میں حق پر اور تم باطل پر ہو تو اللہ تعالیٰ تجھے ہلاک کرے۔ پھر یہی بات دوسرا فریق بھی کہے۔ یاد رہے کہ مُباہَلہ دین کے یقینی مسائل میں ہونا چاہئے، نہ کہ غیر یقینی مسائل میں لہٰذا اسلام کی حقانیت پر تو مُباہَلہ ہو سکتا ہے۔ حنفی شافعی اختلافی مسائل میں نہیں۔

وَ اِنَّ اللّٰهَ لَهُوَ الْعَزِيْزُ الْحَكِيْمُ ﴿۶۲﴾ فَاِنْ تَوَلَّوْا

وَ	اِنَّ	اللّٰهَ	لَهُوَ	الْعَزِيْزُ	الْحَكِيْمُ ﴿۶۲﴾	فَاِنْ	تَوَلَّوْا
اور	بیشک	اللہ	ضرور وہ	عزت والا، غلبے والا	حکمت والا	پھر اگر	وہ منہ پھیریں

اور بیشک اللہ ہی غالب ہے حکمت والا ہے ○ پھر اگر وہ منہ پھیریں

فَاِنَّ اللّٰهَ عَلِيْمٌۢ بِالْمُفْسِدِيْنَ ﴿۶۳﴾ ع قُلْ يٰۤاَهْلَ الْكِتٰبِ

فَاِنَّ	اللّٰهَ	عَلِيْمٌ	بِالْمُفْسِدِيْنَ ﴿۶۳﴾	قُلْ	يٰۤاَهْلَ الْكِتٰبِ
تو بیشک	اللہ	جاننے والا (ہے)	فساد کرنے والوں کو	تم کہو	اے اہلِ کتاب

تو اللہ فساد کرنے والوں کو جانتا ہے ○ اے حبیب! تم فرمادو، اے اہلِ کتاب!

تَعَالَوْا اِلٰى كَلِمَةٍ سَوَآءٍۭ بَيْنَنَا وَ بَيْنَكُمْ

تَعَالَوْا (1)	اِلٰى	كَلِمَةٍ	سَوَآءٍ	بَيْنَنَا	وَ	بَيْنَكُمْ
تم آؤ	کی طرف	ایک کلمہ	برابر (ہے)	ہمارے درمیان	اور	تمہارے درمیان

ایسے کلمہ کی طرف آؤ جو ہمارے اور تمہارے درمیان برابر ہے

اَلَّا نَعْبُدَ اِلَّا اللّٰهَ وَ لَا نُشْرِكَ بِهٖ

اَلَّا نَعْبُدَ	اِلَّا	اللّٰهَ	وَ	لَا نُشْرِكَ	بِهٖ
کہ ہم عبادت نہیں کریں گے	مگر	اللہ (کی)	اور	ہم شریک نہیں کریں گے	اس کے ساتھ

وہ یہ کہ ہم اللہ کے سوا کسی کی عبادت نہ کریں اور کسی کو اس کا شریک نہ

شَيْـًٔا وَّ لَا يَتَّخِذَ بَعْضُنَا بَعْضًا اَرْبَابًا مِّنْ دُوْنِ اللّٰهِ ؕ

شَيْـًٔا	وَّ	لَا يَتَّخِذَ	بَعْضُنَا	بَعْضًا	اَرْبَابًا	مِّنْ	دُوْنِ اللّٰهِ
کسی چیز (کو)	اور	نہیں بنائے گا	ہمارا بعض	بعض (کو)	رب	سے	اللہ کے سوا

ٹھہرائیں اور ہم میں کوئی ایک اللہ کے سوا کسی دوسرے کو رب نہ بنائے

عنوان اہلِ کتاب کو کلمۂ اسلام کی طرف آنے کی دعوت

(1)...... اس آیت میں اختلاف ختم کرنے کا ایک عمدہ طریقہ بیان کیا ہے کہ جو مشترکہ اور متفقہ چیزیں ہیں انہیں طے کرلیا جائے تاکہ اختلافی امور ممتاز ہوجائیں اور ان کی تعداد کم ہوجائے اور بحث صرف انہی پر منحصر رہے۔ ورنہ ہوتا یہ ہے کہ جب بحث کی جاتی ہے تو کبھی اختلافی موضوع زیرِ بحث آتا ہے اور کبھی اتفاقی پر بحث شروع ہوجاتی ہے۔

فَاِنْ تَوَلَّوْا فَقُوْلُوا اشْهَدُوْا بِاَنَّا

فَاِنْ	تَوَلَّوْا	فَقُوْلُوا	اشْهَدُوْا	بِاَنَّا
پھر اگر	وہ منہ پھیریں	تو کہہ دو (اے مسلمانو)	تم گواہ ہو جاؤ	ساتھ (اس پر) کہ ہم

پھر (بھی) اگر وہ منہ پھیریں تو اے مسلمانو! تم کہہ دو: ''تم گواہ رہو کہ ہم

مُسْلِمُوْنَ ﴿۶۴﴾ یٰۤاَهْلَ الْكِتٰبِ لِمَ تُحَآجُّوْنَ فِیْۤ اِبْرٰهِیْمَ

مُسْلِمُوْنَ ﴿۶۴﴾	یٰۤاَهْلَ الْكِتٰبِ	لِمَ	تُحَآجُّوْنَ	فِیْۤ	اِبْرٰهِیْمَ
مسلمان (ہیں)	اے اہلِ کتاب	کیوں	تم جھگڑتے ہو	(کے بارے) میں	ابراہیم

سچے مسلمان ہیں'' ○ اے اہلِ کتاب! تم ابراہیم کے بارے میں کیوں جھگڑتے ہو؟

وَمَاۤ اُنْزِلَتِ التَّوْرٰىةُ وَالْاِنْجِیْلُ اِلَّا مِنْۢ

وَ	مَاۤ	اُنْزِلَتِ	التَّوْرٰىةُ	وَ	الْاِنْجِیْلُ	اِلَّا	مِنْۢ
اور (حالانکہ)	نہیں	نازل کی گئی، اتاری گئی	تورات	اور	انجیل	مگر	سے

حالانکہ توریت اور انجیل تو اتری ہی

بَعْدِهٖؕ اَفَلَا تَعْقِلُوْنَ ﴿۶۵﴾ هٰۤاَنْتُمْ هٰۤؤُلَآءِ حَاجَجْتُمْ فِیْمَا

بَعْدِهٖ	اَفَلَا تَعْقِلُوْنَ ﴿۶۵﴾ (1)	هٰۤاَنْتُمْ	هٰۤؤُلَآءِ	حَاجَجْتُمْ	فِیْمَا
اس کے بعد	کیا تو تمہیں عقل نہیں	خبردار تم	وہ لوگ (ہو جو)	جھگڑے	(اس) میں جو

ان کے بعد ہے۔ تو کیا تمہیں عقل نہیں؟ ○ سن لو: تم وہی لوگ ہو جو

لَكُمْ بِهٖ عِلْمٌ فَلِمَ تُحَآجُّوْنَ فِیْمَا لَیْسَ

لَكُمْ	بِهٖ	عِلْمٌ	فَلِمَ	تُحَآجُّوْنَ	فِیْمَا	لَیْسَ
تمہارے لئے (تمہیں)	اس کا	علم (ہے)	تو کیوں	جھگڑتے ہو	(اس) میں جو	نہیں ہے

پہلے اس معاملے میں جھگڑتے تھے جس کا تمہیں علم تھا تو (اب) اس میں کیوں جھگڑتے ہو جس کا

عنوان حضرت ابراہیم عَلَیْهِ الصَّلٰوةُ وَالسَّلَام کے بارے میں جھگڑنے والوں کو تنبیہ

(1) ...... معلوم ہوا کہ بزرگوں سے لوگوں کے الزام دور کرنا سنتِ الٰہیہ ہے، ان کی عظمت کی حمایت کرنا محبوب چیز ہے۔ نیز اس آیت سے علمِ تاریخ کی اہمیت بھی واضح ہوتی ہے کہ یہاں تاریخ پر ہی حقیقت کا مدار ہے۔ فی زمانہ علمِ تاریخ کی ویسے بھی بہت ضرورت ہے کیونکہ ہمارے زمانے کے بہت سے گمراہ لوگ تاریخ کو مسخ کر کے ہی لوگوں کو گمراہ کر رہے ہیں۔ البتہ اپنے طور پر ہر ایک کو تاریخ نہیں پڑھنی چاہئے کیونکہ موجودہ تاریخ میں بہت سی گمراہ کن باتیں شامل ہیں۔ بے علم آدمی پڑھے گا تو مارا جائے گا۔ کسی مستند عالم کی رہنمائی میں تاریخ پڑھنی چاہئے۔

لَكُمْ بِهٖ عِلْمٌ ؕ وَ اللّٰهُ يَعْلَمُ وَ اَنْتُمْ لَا تَعْلَمُوْنَ ﴿۶۶﴾

لَكُمْ	بِهٖ	عِلْمٌ	وَ	اللّٰهُ	يَعْلَمُ	وَ	اَنْتُمْ	لَا تَعْلَمُوْنَ ﴿۶۶﴾
تمہارے لئے (تمہیں)	اس کا	علم	اور	اللہ	جانتا ہے	اور	تم	نہیں جانتے

تمہیں علم ہی نہیں؟ اور اللہ جانتا ہے اور تم نہیں جانتے ○

مَا كَانَ اِبْرٰهِيْمُ يَهُوْدِيًّا وَّ لَا نَصْرَانِيًّا وَّ لٰكِنْ كَانَ

مَا كَانَ	اِبْرٰهِيْمُ	يَهُوْدِيًّا	وَّ	لَا	نَصْرَانِيًّا	وَّ	لٰكِنْ	كَانَ
نہ تھے	ابراہیم	یہودی	اور	نہ	عیسائی	اور	لیکن	وہ تھے

ابراہیم نہ یہودی تھے اور نہ عیسائی بلکہ وہ

حَنِيْفًا مُّسْلِمًا ؕ وَ مَا كَانَ مِنَ الْمُشْرِكِيْنَ ﴿۶۷﴾

حَنِيْفًا	مُّسْلِمًا	وَ	مَا كَانَ	مِنَ	الْمُشْرِكِيْنَ ﴿۶۷﴾
حق کی طرف مائل، ہر باطل سے جدا	مسلمان	اور	نہیں تھے	سے	شرک کرنے والوں

ہر باطل سے جدا رہنے والے مسلمان تھے اور مشرکوں میں سے نہ تھے ○

اِنَّ اَوْلَى النَّاسِ بِاِبْرٰهِيْمَ لَلَّذِيْنَ

اِنَّ	اَوْلَى النَّاسِ [1]	بِاِبْرٰهِيْمَ	لَلَّذِيْنَ
بیشک	سب لوگوں میں زیادہ قریب	ابراہیم کے	ضرور وہ لوگ ہیں جو (جنہوں نے)

بیشک سب لوگوں سے زیادہ ابراہیم کے حق دار وہ ہیں جو

اتَّبَعُوْهُ وَ هٰذَا النَّبِيُّ وَ الَّذِيْنَ اٰمَنُوْا ؕ وَ اللّٰهُ

اتَّبَعُوْهُ	وَ	هٰذَا	النَّبِيُّ	وَ	الَّذِيْنَ	اٰمَنُوْا	وَ	اللّٰهُ
پیروی کی تھی اس کی	اور	یہ	نبی	اور	وہ لوگ جو	ایمان لائے	اور	اللہ

ان کی اتباع کرنے والے ہیں اور یہ نبی اور ایمان والے اور اللہ

عنوان: حضرت ابراہیم عَلَیْہِ الصَّلٰوۃُ وَالسَّلَام ہر باطل سے جدا مسلمان تھے — حضرت ابراہیم عَلَیْہِ الصَّلٰوۃُ وَالسَّلَام کے قریبی ہونے کے حقدار

1 ..... اس آیت سے 3 مسئلے معلوم ہوئے: (1) نبی سے قرب ان کی اطاعت سے حاصل ہوتا ہے نہ کہ بغیر ایمان کے محض ان کی اولاد ہونے سے۔ (2) مسلمان ہی سچے ابراہیمی ہیں چنانچہ اسی لئے تمام ابراہیمی سنتیں اسلام میں موجود ہیں جیسے: حج، قربانی، ختنہ، داڑھی وغیرہ۔ (3) بزرگوں کی نسبت اللہ تعالیٰ کی اعلیٰ نعمت ہے جیسے یہاں آیت میں حقانیت کی علامت حضرت ابراہیم عَلَیْہِ الصَّلٰوۃُ وَالسَّلَام سے صحیح نسبت و تعلق کو بیان فرمایا ہے۔

وَلِيُّ الْمُؤْمِنِيْنَ ﴿٦٨﴾ وَدَّتْ طَّآئِفَةٌ مِّنْ اَهْلِ الْكِتٰبِ لَوْ

وَلِيُّ الْمُؤْمِنِيْنَ ﴿٦٨﴾	وَدَّتْ	طَّآئِفَةٌ	مِّنْ	اَهْلِ الْكِتٰبِ	لَوْ
ایمان والوں کا والی، مددگار (ہے)	چاہتا ہے	ایک گروہ	سے	اہلِ کتاب	اگر، کاش

ایمان والوں کا مددگار ہے ○ کتابیوں کا ایک گروہ دل سے چاہتا ہے کہ کسی طرح

يُضِلُّوْنَكُمْ ؕ وَمَا يُضِلُّوْنَ اِلَّاۤ اَنْفُسَهُمْ وَمَا يَشْعُرُوْنَ ﴿٦٩﴾

يُضِلُّوْنَكُمْ (1)	وَ	مَا يُضِلُّوْنَ	اِلَّاۤ	اَنْفُسَهُمْ	وَ	مَا يَشْعُرُوْنَ ﴿٦٩﴾
وہ گمراہ کر دیں تمہیں	اور	وہ گمراہ نہیں کر رہے	مگر	اپنی جانوں (کو)	اور	وہ شعور نہیں رکھتے

تمہیں گمراہ کر دیں اور وہ صرف خود کو گمراہ کر رہے ہیں اور انہیں شعور نہیں ○

يٰۤاَهْلَ الْكِتٰبِ لِمَ تَكْفُرُوْنَ بِاٰيٰتِ اللّٰهِ وَاَنْتُمْ

يٰۤاَهْلَ الْكِتٰبِ	لِمَ	تَكْفُرُوْنَ	بِاٰيٰتِ اللّٰهِ	وَ	اَنْتُمْ
اے اہلِ کتاب	کیوں	کفر کرتے ہو	اللہ کی آیتوں کے ساتھ	اور (حالانکہ)	تم

اے کتابیو! اللہ کی آیتوں کے ساتھ کیوں کفر کرتے ہو حالانکہ تم

تَشْهَدُوْنَ ﴿٧٠﴾ يٰۤاَهْلَ الْكِتٰبِ لِمَ تَلْبِسُوْنَ الْحَقَّ بِالْبَاطِلِ وَ

تَشْهَدُوْنَ ﴿٧٠﴾	يٰۤاَهْلَ الْكِتٰبِ	لِمَ	تَلْبِسُوْنَ	الْحَقَّ	بِالْبَاطِلِ	وَ
گواہی دیتے ہو	اے اہلِ کتاب	کیوں	ملاتے ہو	حق (کو)	باطل کے ساتھ	اور

خود گواہ ہو ○ اے کتابیو! حق کو باطل کے ساتھ کیوں ملاتے ہو اور

تَكْتُمُوْنَ الْحَقَّ وَاَنْتُمْ تَعْلَمُوْنَ ﴿٧١﴾ ع وَقَالَتْ

تَكْتُمُوْنَ	الْحَقَّ	وَ	اَنْتُمْ	تَعْلَمُوْنَ ﴿٧١﴾	وَ	قَالَتْ
(کیوں) چھپاتے ہو	حق	اور (حالانکہ)	تم	جانتے ہو	اور	کہا

حق کیوں چھپاتے ہو حالانکہ تم جانتے ہو ○ اور کتابیوں کے

عنوان
- اہلِ کتاب کے ایک گروہ کی مسلمانوں کو گمراہ کرنے کی تمنا
- آیاتِ الٰہی کا انکار کرنے پر اہلِ کتاب کو تنبیہ
- حق کو باطل سے ملانے اور حق چھپانے پر اہلِ کتاب کو تنبیہ
- یہودیوں کی مسلمانوں کو گمراہ کرنے کی سازش اور انہیں جواب

(1) ...... یاد رہے کہ کفار کے گروہ مسلمانوں کو اپنے دین میں داخل کرنے کیلئے کوششیں ہمیشہ کرتے رہیں گے۔ چنانچہ وقتاً فوقتاً کفر وارتداد کی تحریکیں چلتی رہتی ہیں اور اب تو فلموں، ڈراموں، مزاحیہ پروگراموں اور خصوصاً گانوں نے تو تباہی مچا رکھی ہے۔ اللہ تعالیٰ ہمارے ایمان کی حفاظت فرمائے۔

طَّآئِفَةٌ مِّنۡ اَهۡلِ الۡكِتٰبِ اٰمِنُوۡا بِالَّذِیۡۤ اُنۡزِلَ عَلَی

طَّآئِفَةٌ	مِّنۡ	اَهۡلِ الۡكِتٰبِ	اٰمِنُوۡا	بِالَّذِیۡۤ	اُنۡزِلَ	عَلَی
ایک گروہ (نے)	سے	اہلِ کتاب	ایمان لاؤ	(اس) پر جو	نازل کیا گیا	اوپر

ایک گروہ نے کہا: جو ایمان والوں پر نازل ہوا ہے

الَّذِیۡنَ اٰمَنُوۡا وَجۡهَ النَّهَارِ وَاكۡفُرُوۡۤا

الَّذِیۡنَ	اٰمَنُوۡا	وَجۡهَ النَّهَارِ	وَ	اكۡفُرُوۡۤا
ان لوگوں کے جو	ایمان لائے	دن کے شروع (صبح ایمان لاؤ)	اور	انکار کردو

صبح کو اس پر ایمان لاؤ اور شام کو انکار کردو۔

اٰخِرَهٗ لَعَلَّهُمۡ یَرۡجِعُوۡنَ ﴿۷۲﴾ وَلَا تُؤۡمِنُوۡۤا اِلَّا

اٰخِرَهٗ	لَعَلَّهُمۡ	یَرۡجِعُوۡنَ ﴿۷۲﴾ (1)	وَ	لَا تُؤۡمِنُوۡۤا	اِلَّا
اس کے آخر (شام میں)	تاکہ وہ	لوٹ آئیں، پھر جائیں	اور	ایمان نہ لاؤ (یقین نہ کرو)	مگر

ہو سکتا ہے (کہ اس طرح مسلمان بھی اسلام سے) پھر جائیں ۝ اور (مزید آپس میں کہا کہ) صرف اسی کا یقین کرو

لِمَنۡ تَبِعَ دِیۡنَكُمۡ ؕ قُلۡ اِنَّ الۡهُدٰی هُدَی اللّٰهِ ۙ

لِمَنۡ	تَبِعَ	دِیۡنَكُمۡ	قُلۡ	اِنَّ	الۡهُدٰی	هُدَی اللّٰهِ
(اسی) کا جو	پیروی کرے	تمہارے دین (کی)	تم کہو	بیشک	ہدایت	اللہ کی ہدایت (ہی ہے)

جو تمہارے دین کی پیروی کرنے والا ہو۔ اے حبیب! تم فرمادو کہ ہدایت تو صرف اللہ ہی کی ہدایت ہے۔

اَنۡ یُّؤۡتٰۤی اَحَدٌ مِّثۡلَ مَاۤ اُوۡتِیۡتُمۡ اَوۡ

اَنۡ یُّؤۡتٰۤی	اَحَدٌ	مِّثۡلَ	مَاۤ	اُوۡتِیۡتُمۡ	اَوۡ
(اس بات کا یقین نہ کرو) کہ دیا گیا ہوگا	کسی ایک (کو)	(ان فضائل کی) مثل	جو	تم دیئے گئے	یا

(اور یہ سازشی آپس میں کہتے ہیں کہ اس کا بھی یقین نہ کرو) کہ کسی اور کو بھی ویسا مل سکتا ہے جو تمہیں دیا گیا یا

1 ...... اس بات سے باخبر رہنا چاہئے کہ کافروں کی طرف سے سازشوں کا سلسلہ ہمیشہ جاری رہے گا۔ آج بھی ایسی سازشیں پکڑی جاتی ہیں کہ جھوٹی فلموں، جھوٹی رپورٹوں اور جھوٹی تصویروں کے ذریعے لوگوں کو اسلام سے متنفر کیا جاتا ہے۔ اس وقت کفار میڈیا کو اس مقصد کیلئے بطورِ خاص استعمال کر رہے ہیں۔

قُلْ اِنَّ الْفَضْلَ يُحَآجُّوْكُمْ عِنْدَ رَبِّكُمْ ؕ

يُحَآجُّوْكُمْ	عِنْدَ رَبِّكُمْ	قُلْ	اِنَّ	الْفَضْلَ
وہ (مسلمان) غالب آجائیں گے تم پر	تمہارے رب کے پاس	تم کہو	بیشک	فضل

اے حبیب! تم فرمادو کہ فضل تو کوئی تمہارے رب کے پاس تمہارے اوپر غالب آسکتا ہے۔

بِيَدِ اللّٰهِ ۚ يُؤْتِيْهِ مَنْ يَّشَآءُ ؕ وَاللّٰهُ

بِيَدِ (1) اللّٰهِ	يُؤْتِيْهِ (2)	مَنْ	يَّشَآءُ	وَ	اللّٰهُ
اللہ کے ہاتھ میں	وہ دیتا ہے اس کو	جسے	وہ چاہتا ہے	اور	اللہ

یقیناً اللہ ہی کے ہاتھ میں ہے وہ جسے چاہتا ہے عطا فرمادیتا ہے اور اللہ

وَاسِعٌ عَلِيْمٌ ﴿۷۳﴾ ۙ يَّخْتَصُّ بِرَحْمَتِهٖ مَنْ يَّشَآءُ ؕ وَ

وَاسِعٌ	عَلِيْمٌ ﴿۷۳﴾	يَّخْتَصُّ (3)	بِرَحْمَتِهٖ	مَنْ	يَّشَآءُ	وَ
وسعت والا	علم والا	خاص کرلیتا ہے	اپنی رحمت کے ساتھ	جسے	وہ چاہتا ہے	اور

وسعت والا، علم والا ہے ○ وہ اپنی رحمت کے ساتھ جسے چاہتا ہے خاص فرمالیتا ہے اور

اللّٰهُ ذُو الْفَضْلِ الْعَظِيْمِ ﴿۷۴﴾ وَمِنْ اَهْلِ الْكِتٰبِ مَنْ

اللّٰهُ	ذُو الْفَضْلِ	الْعَظِيْمِ ﴿۷۴﴾	وَ	مِنْ	اَهْلِ الْكِتٰبِ	مَنْ
اللہ	فضل والا	عظیم، بڑے	اور	سے	اہلِ کتاب	(کوئی وہ ہے) جو

اللہ بڑے فضل والا ہے ○ اور اہلِ کتاب میں کوئی تو وہ ہے

اِنْ تَاْمَنْهُ بِقِنْطَارٍ يُّؤَدِّهٖٓ اِلَيْكَ ۚ

اِنْ	تَاْمَنْهُ	بِقِنْطَارٍ	يُّؤَدِّهٖٓ	اِلَيْكَ
اگر	تم امانت رکھ دو اس کے پاس	ایک ڈھیر کے ساتھ	وہ ادا کردے گا اسے	تمہاری طرف (تجھے)

کہ اگر تم اس کے پاس ایک ڈھیر بھی امانت رکھ دو تو وہ تمہیں (پورا پورا) ادا کردے گا

عنوان نبوت خاص فضل الٰہی ہے — امانت کی ادائیگی میں اہل کتاب کے دو گروہوں کا حال

(1)...... لفظ "یَد" کا لفظی ترجمہ "ہاتھ" ہے اور یہاں اس سے قبضہ اور قدرت مراد ہے۔ (2)...... اس آیت سے معلوم ہوا کہ نبوت اعمال سے نہیں ملتی، یہ محض اللہ عَزَّوَجَلَّ کا فضل ہے۔ (3)...... اللہ تعالیٰ نبوت و رسالت کے ساتھ جسے چاہے خاص فرمالیتا ہے اور نبوت جس کسی کو ملتی ہے اللہ عَزَّوَجَلَّ کے فضل سے ملتی ہے اس میں ذاتی محنت کا دخل نہیں۔ ہاں اب اللہ تعالیٰ نے چونکہ نبوت کا دروازہ بند کردیا تو اب کسی کو نبوت نہ ملے گی۔

وَمِنْهُمْ مَّنْ اِنْ تَاْمَنْهُ بِدِيْنَارٍ

وَ	مِنْهُمْ	مَّنْ	اِنْ	تَاْمَنْهُ	بِدِيْنَارٍ
اور	ان میں سے	(کوئی وہ ہے) جو	اگر	تم امانت رکھو اس کے پاس	ایک دینار کے ساتھ

اور انہی میں سے کوئی وہ ہے کہ اگر تم اس کے پاس ایک دینار بھی امانت رکھ دو

لَّا يُؤَدِّهٖٓ اِلَيْكَ اِلَّا مَا دُمْتَ عَلَيْهِ

لَّا يُؤَدِّهٖٓ	اِلَيْكَ	اِلَّا	مَا	دُمْتَ	عَلَيْهِ
وہ ادا نہیں کرے گا اسے	تمہاری طرف (تجھے)	مگر	جب تک	تم رہو	اس کے (سر) پر

توجب تک تم اس کے سر پر کھڑے نہیں رہو گے وہ تمہیں ادا نہیں کرے گا۔

قَآئِمًا ؕ ذٰلِكَ بِاَنَّهُمْ قَالُوْا لَيْسَ عَلَيْنَا فِي

قَآئِمًا	ذٰلِكَ	بِاَنَّهُمْ	قَالُوْا	لَيْسَ	عَلَيْنَا	فِي
کھڑے	یہ (بددیانتی)	(اس) وجہ سے ہے کہ وہ	انہوں نے کہا	نہیں ہے	ہمارے اوپر	میں

(ان کی) یہ بددیانتی اس وجہ سے ہے کہ وہ کہتے ہیں کہ

الْاُمِّيّٖنَ سَبِيْلٌ ۚ وَيَقُوْلُوْنَ عَلَى اللّٰهِ الْكَذِبَ

الْاُمِّيّٖنَ	سَبِيْلٌ	وَ	يَقُوْلُوْنَ	عَلَى	اللّٰهِ	الْكَذِبَ[1]
ان پڑھوں (کے معاملے)	کوئی راہ (کوئی مؤاخذہ)	اور	وہ کہتے ہیں	پر	اللہ	جھوٹ

ان پڑھوں کے معاملے میں ہم سے کوئی پوچھ گچھ نہیں ہو گی اور یہ اللہ پر جان بوجھ کر

وَهُمْ يَعْلَمُوْنَ ۝۷۵ بَلٰى مَنْ اَوْفٰى بِعَهْدِهٖ وَ

وَ	هُمْ	يَعْلَمُوْنَ ۝۷۵	بَلٰى	مَنْ	اَوْفٰى	بِعَهْدِهٖ	وَ
اور (حالانکہ)	وہ	جانتے ہیں	کیوں نہیں	جو	پورا کرے	اپنے عہد، وعدے کو	اور

جھوٹ باندھتے ہیں ○ کیوں نہیں، جو اپنا وعدہ پورا کرے اور

عنوان: متقی لوگ اللہ تعالیٰ کے محبوب ہیں

(1)...... اس سے معلوم ہوا کہ دھوکے اور ظلم کے طور پر کسی کا مال دبا لینا حرام ہے اگرچہ وہ کسی دوسرے مذہب کا ہو۔ رسولِ اکرم صَلَّی اللّٰہُ تَعَالٰی عَلَیْہِ وَاٰلِہٖ وَسَلَّم ہجرت کی رات حضرت علی کَرَّمَ اللّٰہُ تَعَالٰی وَجْہَهُ الْکَرِیْم کو ان لوگوں کی امانتوں کی ادائیگی کی ذمہ داری دے کر گئے جو حضور پر نور صَلَّی اللّٰہُ تَعَالٰی عَلَیْہِ وَاٰلِہٖ وَسَلَّم کے قتل کا ارادہ کر رہے تھے۔ اے کاش کہ ہمارے مسلمان بھائی غور فرمائیں کہ وہ تاجدارِ رسالت صَلَّی اللّٰہُ تَعَالٰی عَلَیْہِ وَاٰلِہٖ وَسَلَّم کی سنت پر عمل پیرا ہیں یا غیروں کے طریقے پر؟ اس وقت عمومی طور پر مسلمان دنیا میں نیک نام نہیں ہیں۔

اتَّقٰى فَاِنَّ اللّٰهَ يُحِبُّ الْمُتَّقِيْنَ ﴿٧٦﴾ اِنَّ

اتَّقٰى	فَاِنَّ	اللّٰهَ	يُحِبُّ	الْمُتَّقِيْنَ ﴿٧٦﴾	اِنَّ
ڈرے، پرہیز گاری اختیار کرے	تو بیشک	اللہ	محبت فرماتا ہے	پرہیز گاروں (سے)	بیشک

پرہیز گاری اختیار کرے تو بیشک اللہ پرہیز گاروں سے محبت فرماتا ہے ○ بیشک

الَّذِيْنَ يَشْتَرُوْنَ بِعَهْدِ اللّٰهِ وَ اَيْمَانِهِمْ

الَّذِيْنَ	يَشْتَرُوْنَ (1)	بِعَهْدِ اللّٰهِ	وَ	اَيْمَانِهِمْ
وہ لوگ جو	خریدتے ہیں، لیتے ہیں	اللہ کے عہد، وعدے کے بدلے	اور	اپنی قسموں (کے بدلے)

وہ لوگ جو اللہ کے وعدے اور اپنی قسموں کے بدلے

ثَمَنًا قَلِيْلًا اُولٰٓئِكَ لَا خَلَاقَ لَهُمْ فِى الْاٰخِرَةِ وَ

ثَمَنًا	قَلِيْلًا	اُولٰٓئِكَ	لَا	خَلَاقَ	لَهُمْ	فِى الْاٰخِرَةِ	وَ
قیمت	تھوڑی	یہ لوگ	نہیں	کوئی حصہ	ان کے لئے	آخرت میں	اور

تھوڑی سی قیمت لیتے ہیں، اِن لوگوں کے لئے آخرت میں کچھ حصہ نہیں اور

لَا يُكَلِّمُهُمُ اللّٰهُ وَ لَا يَنْظُرُ اِلَيْهِمْ يَوْمَ الْقِيٰمَةِ

لَا يُكَلِّمُهُمُ	اللّٰهُ	وَ	لَا يَنْظُرُ	اِلَيْهِمْ	يَوْمَ الْقِيٰمَةِ
کلام نہیں فرمائے گا ان سے	اللہ	اور	نظر نہیں کرے گا	ان کی طرف	قیامت کے دن

اللہ قیامت کے دن نہ تو ان سے کلام فرمائے گا اور نہ ان کی طرف نظر کرے گا

وَ لَا يُزَكِّيْهِمْ ۪ وَ لَهُمْ عَذَابٌ اَلِيْمٌ ﴿٧٧﴾ وَ اِنَّ

وَ	لَا يُزَكِّيْهِمْ	وَ	لَهُمْ	عَذَابٌ	اَلِيْمٌ ﴿٧٧﴾	وَ	اِنَّ
اور	پاک نہیں کرے گا انہیں	اور	ان کے لئے	عذاب	دردناک	اور	بیشک

اور نہ انہیں پاک کرے گا اور ان کے لئے دردناک عذاب ہے ○ اور یقیناً

عنوان: اللہ تعالیٰ کے عہد کے بدلے دنیا خریدنے والوں کا اُخروی انجام — اہل کتاب کے ایک گروہ کا جھوٹ

(1) ...... یہودیوں سے اللہ تعالیٰ نے عہد لیا تھا کہ وہ نبیِّ آخر الزمان صَلَّى اللهُ تَعَالٰی عَلَيْهِ وَاٰلِهٖ وَسَلَّم پر ایمان لائیں گے لیکن ان کے علماء اور سرداروں نے اپنے مفادات کی خاطر تورات میں حضور صَلَّى اللهُ تَعَالٰی عَلَيْهِ وَاٰلِهٖ وَسَلَّم کے فضائل کی آیتوں کو بدل دیا اور لوگوں سے چھپا کر رکھا اور اپنی تحریفات پر جھوٹی قسم کھائی کہ یہ اللہ عَزَّوَجَلَّ کی طرف سے ہے۔ دنیوی مال کی خاطر عہدِ الٰہی سے پھرنے اور قسموں کو توڑنے پر اس آیت میں شدید وعیدیں بیان کی گئی ہیں۔

مِنْهُمْ لَفَرِيْقًا يَّلْوٗنَ اَلْسِنَتَهُمْ بِالْكِتٰبِ لِتَحْسَبُوْهُ

مِنْهُمْ	لَفَرِيْقًا	يَّلْوٗنَ	اَلْسِنَتَهُمْ	بِالْكِتٰبِ	لِتَحْسَبُوْهُ (1)
ان میں سے	ضرور ایک گروہ	مروڑتے ہیں	اپنی زبانیں	کتاب کے ساتھ	تاکہ تم سمجھو اسے

ان اہلِ کتاب میں سے کچھ وہ ہیں جو زبان کو مروڑ کر کتاب پڑھتے ہیں تاکہ تم سمجھو

مِنَ الْكِتٰبِ وَمَا هُوَ مِنَ الْكِتٰبِ ج وَ

مِنَ الْكِتٰبِ	وَ	مَا	هُوَ	مِنَ الْكِتٰبِ	وَ
کتاب سے (کتاب کا حصہ)	اور (حالانکہ)	نہیں	وہ	کتاب سے (کتاب کا حصہ)	اور

کہ یہ بھی کتاب کا حصہ ہے حالانکہ وہ کتاب کا حصہ نہیں ہے اور

يَقُوْلُوْنَ هُوَ مِنْ عِنْدِ اللّٰهِ وَمَا هُوَ مِنْ عِنْدِ اللّٰهِ ج

يَقُوْلُوْنَ	هُوَ	مِنْ	عِنْدِ اللّٰهِ	وَ	مَا	هُوَ	مِنْ	عِنْدِ اللّٰهِ
کہتے ہیں	وہ	سے	اللہ کے پاس	اور (حالانکہ)	نہیں	وہ	سے	اللہ کے پاس

یہ لوگ کہتے ہیں: یہ اللہ کی طرف سے ہے حالانکہ وہ ہرگز اللہ کی طرف سے نہیں ہے

وَيَقُوْلُوْنَ عَلَى اللّٰهِ الْكَذِبَ وَهُمْ يَعْلَمُوْنَ ﴿۷۸﴾

وَ	يَقُوْلُوْنَ	عَلَى	اللّٰهِ	الْكَذِبَ	وَ	هُمْ	يَعْلَمُوْنَ ﴿۷۸﴾
اور	کہتے ہیں	پر	اللہ	جھوٹ	اور (حالانکہ)	وہ	جانتے ہیں

اور یہ لوگ جان بوجھ کر اللہ پر جھوٹ باندھتے ہیں ○

مَا كَانَ لِبَشَرٍ اَنْ يُّؤْتِيَهُ اللّٰهُ الْكِتٰبَ وَالْحُكْمَ

مَا كَانَ	لِبَشَرٍ	اَنْ يُّؤْتِيَهُ	اللّٰهُ	الْكِتٰبَ	وَ	الْحُكْمَ
نہیں ہے (کوئی حق)	کسی آدمی کے لئے	کہ دے اسے	اللہ	کتاب	اور	حکم، حکمت

کسی آدمی کو یہ حق حاصل نہیں کہ اللہ اسے کتاب و حکمت

عنوان انبیاء عَلَيْهِمُ الصَّلٰوةُ وَالسَّلَام اپنی نہیں بلکہ اللہ عَزَّوَجَلَّ کی عبادت کی دعوت دیتے ہیں

(1)...... آج کل بھی ایسے لوگ دیکھے ہیں جو توحید کی آیتیں پڑھ کر انبیاء عَلَيْهِمُ الصَّلٰوةُ وَالسَّلَام اور اولیاء رَحْمَةُ اللهِ تَعَالٰی عَلَيْهِم کی شان کا انکار کرتے ہیں اور یہ تاثر دیتے ہیں کہ یہ شانِ انبیاء عَلَيْهِمُ الصَّلٰوةُ وَالسَّلَام کا انکار بھی قرآن میں ہے حالانکہ یہ صریح جھوٹ ہے۔ یونہی بہت سے لوگوں کو سود، پردے، اسلامی سزاؤں اور دیگر کئی چیزوں کے بارے میں کلام کرتے سنا ہے وہ بھی قرآن پڑھتے ہیں اور درمیان میں اصل اسلامی احکام میں ردوبدل کرتے ہوئے اپنی بات اس انداز میں شامل کرتے ہیں کہ سننے والا سمجھے کہ شاید یہ بھی قرآن میں ہی ہے حالانکہ یہ واضح طور پر دھوکہ اور فریب ہوتا ہے۔

وَالنُّبُوَّةَ ثُمَّ يَقُوْلَ لِلنَّاسِ كُوْنُوْا عِبَادًا لِّيْ

لِّيْ	عِبَادًا	كُوْنُوْا	لِلنَّاسِ	يَقُوْلَ	ثُمَّ	النُّبُوَّةَ	وَ
میرے لئے (میرے)	بندے	ہو جاؤ	لوگوں سے	وہ کہے	پھر	نبوت	اور

اور نبوت عطا کرے پھر وہ لوگوں سے کہے کہ اللہ کو چھوڑ کر میری عبادت کرنے والے

مِنْ دُوْنِ اللّٰهِ وَلٰكِنْ كُوْنُوْا رَبّٰنِيّٖنَ

رَبّٰنِيّٖنَ (1)	كُوْنُوْا	لٰكِنْ	وَ	دُوْنِ اللّٰهِ	مِنْ
اللہ والے، رب کے بندے	(وہ یہ کہے گا کہ) ہو جاؤ	لیکن (بلکہ)	اور	اللہ کے سوا	سے

بن جاؤ بلکہ وہ یہ کہے گا کہ اللہ والے ہو جاؤ

بِمَا كُنْتُمْ تُعَلِّمُوْنَ الْكِتٰبَ وَبِمَا

بِمَا	وَ	الْكِتٰبَ	كُنْتُمْ تُعَلِّمُوْنَ	بِمَا
بسبب (اس کے) جو	اور	کتاب (کی)	تم سکھاتے، تعلیم دیتے ہو	بسبب (اس کے) جو

کیونکہ تم کتاب کی تعلیم دیتے ہو اور اس لئے کہ

كُنْتُمْ تَدْرُسُوْنَ ﴿٧٩﴾ وَلَا يَاْمُرَكُمْ اَنْ تَتَّخِذُوا الْمَلٰٓئِكَةَ وَ

وَ	الْمَلٰٓئِكَةَ	اَنْ تَتَّخِذُوْا	لَا يَاْمُرَكُمْ	وَ	كُنْتُمْ تَدْرُسُوْنَ ﴿٧٩﴾
اور	فرشتوں	کہ بنالو	وہ حکم نہیں دے گا تمہیں	اور	تم پڑھتے ہو

تم خود بھی اسے پڑھتے ہو ○ اور نہ تمہیں یہ حکم دے گا کہ فرشتوں اور

النَّبِيّٖنَ اَرْبَابًا ؕ اَيَاْمُرُكُمْ بِالْكُفْرِ بَعْدَ اِذْ اَنْتُمْ

اَنْتُمْ	اِذْ	بَعْدَ	بِالْكُفْرِ	اَيَاْمُرُكُمْ	اَرْبَابًا	النَّبِيّٖنَ
تم (ہو)	جبکہ	(اس کے) بعد	کفر کا	کیا وہ حکم دے گا تمہیں	رب	نبیوں (کو)

نبیوں کو رب بنالو، کیا وہ تمہیں تمہارے مسلمان ہونے کے بعد کفر کا حکم

(1)...... ربّانی کے معنی ہیں نہایت دیندار، عالم باعمل اور فقیہ۔ اس سے ثابت ہوا کہ علم و تعلیم کا ثمرہ یہ ہونا چاہئے کہ آدمی اللہ والا ہو جائے، جسے علم سے یہ فائدہ نہ ہو اس کا علم ضائع اور بے کار ہے۔

مُّسْلِمُوْنَ ۝۸۰ ع وَ اِذْ اَخَذَ اللّٰهُ مِیْثَاقَ النَّبِیّٖنَ لَمَاۤ

مُّسْلِمُوْنَ ۝۸۰	وَ	اِذْ	اَخَذَ	اللّٰهُ	مِیْثَاقَ (1)	النَّبِیّٖنَ	لَمَاۤ
اسلام والے	اور	جب	لیا	اللہ (نے)	عہد، وعدہ	نبیوں (سے)	ضرور جو

دے گا؟۝ اور یاد کرو جب اللہ نے نبیوں سے وعدہ لیا کہ

اٰتَیْتُكُمْ مِّنْ كِتٰبٍ وَّ حِكْمَةٍ ثُمَّ جَآءَكُمْ رَسُوْلٌ

اٰتَیْتُكُمْ	مِّنْ	كِتٰبٍ	وَّ	حِكْمَةٍ	ثُمَّ	جَآءَكُمْ	رَسُوْلٌ
میں دوں تمہیں	سے	کتاب	اور	حکمت	پھر	آئے تمہارے پاس	عظیم رسول

میں تمہیں کتاب اور حکمت عطا کروں گا پھر تمہارے پاس وہ عظمت والا رسول تشریف لائے گا

مُّصَدِّقٌ لِّمَا مَعَكُمْ لَتُؤْمِنُنَّ بِهٖ وَ

مُّصَدِّقٌ	لِّمَا	مَعَكُمْ	لَتُؤْمِنُنَّ	بِهٖ	وَ
تصدیق کرنے والا	(اس) کی جو	تمہارے ساتھ	ضرور ضرور تم ایمان لانا	اس پر	اور

جو تمہاری کتابوں کی تصدیق فرمانے والا ہو گا تو تم ضرور ضرور اس پر ایمان لانا اور

لَتَنْصُرُنَّهٗ ؕ قَالَ ءَاَقْرَرْتُمْ وَ اَخَذْتُمْ

لَتَنْصُرُنَّهٗ	قَالَ	ءَاَقْرَرْتُمْ	وَ	اَخَذْتُمْ
ضرور ضرور مدد کرنا اس کی	(اللہ نے) فرمایا	کیا تم نے اقرار کر لیا	اور	تم نے لے لیا

ضرور ضرور اس کی مدد کرنا۔ (اللہ نے) فرمایا: (اے انبیاء!) کیا تم نے (اس حکم کا) اقرار کر لیا اور اس (اقرار) پر

عَلٰى ذٰلِكُمْ اِصْرِیْ ؕ قَالُوْۤا اَقْرَرْنَا ؕ قَالَ

عَلٰى	ذٰلِكُمْ	اِصْرِیْ	قَالُوْۤا	اَقْرَرْنَا	قَالَ
پر	اس (اقرار)	بھاری ذمہ میرا	انہوں نے عرض کی	ہم نے اقرار کر لیا	فرمایا

میرا بھاری ذمہ لے لیا؟ سب نے عرض کی، ”ہم نے اقرار کر لیا“ (اللہ نے) فرمایا:

عنوان: حضور اقدس صَلَّی اللّٰہُ تَعَالٰی عَلَیْہِ وَاٰلِہٖ وَسَلَّم کی عظمت وشان

(1)...... اس آیت مبارکہ میں نبی کریم صَلَّی اللّٰہُ تَعَالٰی عَلَیْہِ وَاٰلِہٖ وَسَلَّم کے عظیم فضائل بیان ہوئے ہیں۔ علماء کرام نے اس آیت کی تفسیر میں پوری پوری کتابیں تصنیف کی ہیں اور اس سے عظمتِ مصطفٰی صَلَّی اللّٰہُ تَعَالٰی عَلَیْہِ وَاٰلِہٖ وَسَلَّم کے بے شمار نکات حاصل کئے ہیں۔ ان کی معلومات حاصل کرنے کے لئے تفسیر صراط الجنان، ج۱، ص۵۰۷ کا مطالعہ فرمائیں۔

فَاشْهَدُوْا وَ اَنَا مَعَكُمْ مِّنَ الشّٰهِدِیْنَ ﴿۸۱﴾ فَمَنْ

فَاشْهَدُوْا	وَ	اَنَا	مَعَكُمْ	مِّنَ الشّٰهِدِیْنَ ﴿۸۱﴾	فَمَنْ
تو گواہ رہو	اور	میں	تمہارے ساتھ	گواہی دینے والوں میں سے (ہوں)	پھر جو

تو (اب) ایک دوسرے پر (بھی) گواہ بن جاؤ اور میں خود (بھی) تمہارے ساتھ گواہوں میں سے ہوں ○ پھر جو کوئی

تَوَلّٰى بَعْدَ ذٰلِكَ فَاُولٰٓىِٕكَ هُمُ الْفٰسِقُوْنَ ﴿۸۲﴾

تَوَلّٰى	بَعْدَ	ذٰلِكَ	فَاُولٰٓىِٕكَ	هُمُ	الْفٰسِقُوْنَ ﴿۸۲﴾
منحرف ہو جائے	بعد	اس (اقرار کے)	تو یہ لوگ	وہ	نافرمانی کرنے والے (ہیں)

اس اقرار کے بعد روگردانی کرے گا تو وہی لوگ نافرمان ہوں گے ○

اَفَغَیْرَ دِیْنِ اللّٰهِ یَبْغُوْنَ وَ لَهٗۤ

اَفَغَیْرَ دِیْنِ اللّٰهِ	یَبْغُوْنَ	وَ	لَهٗۤ
کیا تو اللہ کے دین کے علاوہ	وہ (دوسرا دین) چاہتے ہیں	اور (حالانکہ)	اس کے لئے

کیا لوگ اللہ کے دین کے علاوہ کوئی اور دین چاہتے ہیں حالانکہ

اَسْلَمَ مَنْ فِی السَّمٰوٰتِ وَ الْاَرْضِ طَوْعًا وَّ

اَسْلَمَ	مَنْ	فِی السَّمٰوٰتِ	وَ	الْاَرْضِ	طَوْعًا	وَّ
گردن جھکائے ہوئے ہیں	جو	آسمانوں میں	اور	زمین (میں)	خوشی (سے)	اور

آسمانوں اور زمینوں میں جو کوئی بھی ہے وہ سب خوشی سے یا مجبوری سے اسی کی بارگاہ میں

كَرْهًا وَّ اِلَیْهِ یُرْجَعُوْنَ ﴿۸۳﴾ قُلْ اٰمَنَّا بِاللّٰهِ وَ

كَرْهًا	وَّ	اِلَیْهِ	یُرْجَعُوْنَ ﴿۸۳﴾	قُلْ	اٰمَنَّا (1)	بِاللّٰهِ	وَ
مجبوری (سے)	اور	اس کی طرف	وہ لوٹائے جائیں گے	تم کہو	ہم ایمان لائے	اللہ پر	اور

گردن جھکائے ہوئے ہیں اور سب کو اسی کی طرف لوٹایا جائے گا ○ اور تم یوں کہو کہ ہم اللہ پر اور

عنوان: اسلام کے علاوہ کوئی دین مقبول نہیں — تمام انبیاء کرام عَلَیْهِمُ الصَّلٰوۃُ وَالسَّلَام پر ایمان لانے کا بیان

(1) یاد رہے کہ ہمیں سب انبیاء اور کتابوں کو ماننے کا حکم ہے البتہ ہمارا عمل صرف قرآن پر ہوگا اور ہم تفصیلی احکام میں اطاعت و اتباع صرف حضور پرنور، محمد مصطفی صَلَّی اللّٰہُ تَعَالٰی عَلَیْهِ وَاٰلِهٖ وَسَلَّم کی کریں گے۔

مَآ اُنْزِلَ عَلَيْنَا وَمَآ اُنْزِلَ عَلٰٓى

مَآ	اُنْزِلَ	عَلَيْنَا	وَ	مَآ	اُنْزِلَ	عَلٰٓى
(اس پر)جو	نازل کیا گیا، اتارا گیا	ہمارے اوپر	اور	جو	نازل کیا گیا، اتارا گیا	اوپر

جو ہمارے اوپر نازل کیا گیا ہے اس پر اور جو

اِبْرٰهِيْمَ وَ اِسْمٰعِيْلَ وَ اِسْحٰقَ وَ يَعْقُوْبَ وَ الْاَسْبَاطِ

اِبْرٰهِيْمَ	وَ	اِسْمٰعِيْلَ	وَ	اِسْحٰقَ	وَ	يَعْقُوْبَ	وَ	الْاَسْبَاطِ
ابراہیم	اور	اسماعیل	اور	اسحاق	اور	یعقوب	اور	(ان کی)اولاد(کے)

ابراہیم اور اسماعیل اور اسحاق اور یعقوب اور ان کی اولاد پر نازل کیا گیا ہے اس پر ایمان لاتے ہیں

وَمَآ اُوْتِيَ مُوْسٰى وَ عِيْسٰى وَ النَّبِيُّوْنَ مِنْ

وَ	مَآ	اُوْتِيَ	مُوْسٰى	وَ	عِيْسٰى	وَ	النَّبِيُّوْنَ	مِنْ
اور	جو	دیا گیا	موسیٰ	اور	عیسیٰ	اور	نبیوں (کو)	کی طرف سے

اور جو موسیٰ اور عیسیٰ اور نبیوں کو ان کے رب کی طرف سے دیا گیا

رَّبِّهِمْ ۚ لَا نُفَرِّقُ بَيْنَ اَحَدٍ مِّنْهُمْ ۖ وَ نَحْنُ

رَّبِّهِمْ	لَا نُفَرِّقُ	بَيْنَ اَحَدٍ	مِّنْهُمْ	وَ	نَحْنُ
ان کے رب	ہم فرق نہیں کرتے	کسی ایک کے درمیان	ان میں سے	اور	ہم

(اس پر بھی ایمان لاتے ہیں۔ نیز) ہم ایمان لانے میں ان میں سے کسی کے درمیان فرق نہیں کرتے اور

لَهٗ مُسْلِمُوْنَ ﴿٨٤﴾ وَمَنْ يَّبْتَغِ غَيْرَ الْاِسْلَامِ دِيْنًا

لَهٗ	مُسْلِمُوْنَ ﴿٨٤﴾	وَ	مَنْ	يَّبْتَغِ	غَيْرَ الْاِسْلَامِ (1)	دِيْنًا
اس کے لئے	گردن جھکانے والے	اور	جو	تلاش کرے	اسلام کے علاوہ	کوئی دین

ہم اسی کی بارگاہ میں گردن جھکائے ہوئے ہیں ○ اور جو کوئی اسلام کے علاوہ کوئی اور دین چاہے گا

عنوان دینِ اسلام کے علاوہ اور کوئی دین بارگاہِ الٰہی میں مقبول نہیں

(1)...... اللہ تعالیٰ نے واضح طور پر قرآن پاک میں کئی جگہ فرمادیا کہ اللہ عَزَّوَجَلَّ کے نزدیک پسندیدہ دین صرف اسلام ہے اور اسلام کے علاوہ کوئی دین اللہ تعالیٰ کی بارگاہ میں اِس زمانے میں معتبر نہیں۔ اسلام کے علاوہ کوئی کسی دین کی اخلاقی باتوں پر جتنا چاہے عمل کرلے لیکن جب تک مکمل طور پر بطورِ عقیدہ اسلام کو اختیار نہیں کرے گا اس کا کوئی عمل بارگاہِ الٰہی میں مقبول نہیں اور اب اسلام سے مراد وہ دین ہے جسے حضرت محمد مصطفٰی صَلَّی اللہُ تَعَالٰی عَلَیْہِ وَاٰلِہٖ وَسَلَّمَ لے کر آئے۔

فَلَنْ يُّقْبَلَ مِنْهُ ۚ وَهُوَ فِي الْاٰخِرَةِ مِنَ

فَلَنْ يُّقْبَلَ	مِنْهُ	وَ	هُوَ	فِي الْاٰخِرَةِ	مِنَ
تو ہر گز قبول نہ کیا جائے گا	اس سے (وہ دین)	اور	وہ (ہوگا)	آخرت میں	سے

تو وہ اس سے ہر گز قبول نہ کیا جائے گا اور وہ آخرت میں

الْخٰسِرِيْنَ ﴿٨٥﴾ كَيْفَ يَهْدِي اللّٰهُ قَوْمًا كَفَرُوْا

الْخٰسِرِيْنَ ﴿٨٥﴾	كَيْفَ	يَهْدِي	اللّٰهُ	قَوْمًا [1]	كَفَرُوْا
نقصان، خسارہ اٹھانے والوں	کیسے	ہدایت دے گا	اللہ	(اس) قوم (کو جنہوں نے)	کفر کیا

نقصان اٹھانے والوں میں سے ہوگا○ اللہ ایسی قوم کو کیسے ہدایت دے گا جنہوں نے ایمان کے بعد

بَعْدَ اِيْمَانِهِمْ وَشَهِدُوْٓا اَنَّ الرَّسُوْلَ حَقٌّ

بَعْدَ اِيْمَانِهِمْ	وَ	شَهِدُوْٓا	اَنَّ	الرَّسُوْلَ	حَقٌّ
اپنے ایمان کے بعد	اور (حالانکہ)	انہوں نے گواہی دے دی	کہ، بیشک	رسول	سچا (ہے)

کفر کو اختیار کیا اور وہ اس بات کی گواہی دے چکے تھے کہ (یہ) رسول سچا ہے

وَّجَآءَهُمُ الْبَيِّنٰتُ ۭ وَاللّٰهُ لَا يَهْدِي الْقَوْمَ

وَّ	جَآءَهُمُ	الْبَيِّنٰتُ	وَ	اللّٰهُ	لَا يَهْدِي	الْقَوْمَ
اور (حالانکہ)	آچکی ان کے پاس	روشن نشانیاں	اور	اللہ	ہدایت نہیں دیتا	قوم (کو)

اور ان لوگوں کے پاس روشن نشانیاں بھی آچکی تھیں اور اللہ ظالموں کو

الظّٰلِمِيْنَ ﴿٨٦﴾ اُولٰٓئِكَ جَزَآؤُهُمْ اَنَّ عَلَيْهِمْ لَعْنَةَ اللّٰهِ وَ

الظّٰلِمِيْنَ ﴿٨٦﴾	اُولٰٓئِكَ	جَزَآؤُهُمْ	اَنَّ	عَلَيْهِمْ	لَعْنَةَ اللّٰهِ	وَ
ظلم کرنے والے	یہ لوگ	ان کی جزاء، بدلہ	(یہ ہے) کہ	ان کے اوپر	اللہ کی لعنت	اور

ہدایت نہیں دیتا○ یہی وہ لوگ ہیں جن کا بدلہ یہ ہے کہ ان پر اللہ کی اور

عنوان: مرتد ہونے والوں کی سزا

[1] ...... مراد یہ ہے کہ اللہ تعالیٰ ایسی قوم کو کیسے ایمان کی توفیق دے جو جان پہچان کر منکر ہوگئی ہو یعنی ایسوں کو ہدایت نہیں ملتی۔ اس سے معلوم ہوا کہ جان بوجھ کر حق کا انکار کرنے کی بہت نحوست ہے نیز معلوم ہوا کہ حسد نہایت خبیث بیماری ہے کہ اس کی وجہ سے آدمی جانتے بوجھتے انکار کر دیتا ہے اور یہ حسد بعض اوقات کفر تک پہنچا دیتا ہے۔

الْمَلٰٓئِكَةِ وَ النَّاسِ اَجْمَعِیْنَ ﴿۸۷﴾ۙ خٰلِدِیْنَ فِیْهَا ۚ

فِیْهَا	خٰلِدِیْنَ	اَجْمَعِیْنَ ﴿۸۷﴾	النَّاسِ	وَ	الْمَلٰٓئِكَةِ
اس (لعنت یا عذاب) میں	ہمیشہ رہنے والے	سب کی (لعنت ہے)	لوگوں	اور	فرشتوں

فرشتوں کی اور انسانوں سب کی لعنت ہے ○ ہمیشہ اس میں رہیں گے ،

لَا یُخَفَّفُ عَنْهُمُ الْعَذَابُ وَ لَا هُمْ یُنْظَرُوْنَ ﴿۸۸﴾ۙ

یُنْظَرُوْنَ ﴿۸۸﴾	هُمْ	لَا	وَ	الْعَذَابُ	عَنْهُمُ	لَا یُخَفَّفُ
مہلت دیئے جائیں گے	وہ	نہ	اور	عذاب	ان سے	ہلکا نہیں کیا جائے گا

نہ ان سے عذاب ہلکا ہوگا اور نہ انہیں مہلت دی جائے گی ○

اِلَّا الَّذِیْنَ تَابُوْا مِنْۢ بَعْدِ ذٰلِكَ وَ

وَ	ذٰلِكَ	بَعْدِ	مِنْ	تَابُوْا (1)	الَّذِیْنَ	اِلَّا
اور	اس (کفر کے)	بعد	سے	توبہ کرلیں	وہ لوگ جو	مگر

سوائے ان لوگوں کے جنہوں نے کفر کے بعد توبہ کرلی اور

اَصْلَحُوْا ۫ فَاِنَّ اللّٰهَ غَفُوْرٌ رَّحِیْمٌ ﴿۸۹﴾ اِنَّ

اِنَّ	رَّحِیْمٌ ﴿۸۹﴾	غَفُوْرٌ	اللّٰهَ	فَاِنَّ	اَصْلَحُوْا
بیشک	مہربان	بخشنے والا	اللہ	تو بیشک	اپنی اصلاح کرلیں

اپنی اصلاح کرلی تو بیشک اللہ بخشنے والا مہربان ہے ○ بیشک

الَّذِیْنَ كَفَرُوْا بَعْدَ اِیْمَانِهِمْ ثُمَّ ازْدَادُوْا

ازْدَادُوْا	ثُمَّ	بَعْدَ اِیْمَانِهِمْ	كَفَرُوْا	الَّذِیْنَ
زیادہ ہوگئے، بڑھ گئے	پھر	اپنے ایمان کے بعد	کفر کیا	وہ لوگ جو (جنہوں نے)

وہ لوگ جو ایمان لانے کے بعد کافر ہوگئے پھر کفر میں اور

عنوان: ارتداد سے سچی توبہ کرنے والوں کی بخشش کا بیان — ارتداد پر قائم رہنے والوں کی توبہ مقبول نہیں

(1) ..... یاد رہے کہ توبہ ہر گناہ سے مقبول ہے حتّٰی کہ ارتداد سے بھی توبہ اللہ تعالیٰ کی بارگاہ میں قبول ہے۔

كُفْرًا لَّنْ تُقْبَلَ تَوْبَتُهُمْ ۚ وَاُولٰٓئِكَ

كُفْرًا	لَّنْ تُقْبَلَ	تَوْبَتُهُمْ (1)	وَ	اُولٰٓئِكَ
کفر (میں)	(تو) ہر گز قبول نہ کی جائے گی	ان کی توبہ	اور	یہ لوگ

بڑھ گئے تو ان کی توبہ ہر گز قبول نہ کی جائے گی اور یہی لوگ

هُمُ الضَّآلُّوْنَ ﴿۹۰﴾ اِنَّ الَّذِيْنَ كَفَرُوْا وَمَاتُوْا

هُمُ	الضَّآلُّوْنَ ﴿۹۰﴾	اِنَّ	الَّذِيْنَ	كَفَرُوْا	وَ	مَاتُوْا
وہ (وہی)	گمراہ ہونے والے (ہیں)	بیشک	وہ لوگ جو (جنہوں نے)	کفر کیا	اور	مر گئے

گمراہ ہیں ۝ بیشک وہ لوگ جو کافر ہوئے اور کافر ہی

وَهُمْ كُفَّارٌ فَلَنْ يُّقْبَلَ مِنْ اَحَدِهِمْ

وَ	هُمْ	كُفَّارٌ	فَلَنْ يُّقْبَلَ	مِنْ	اَحَدِهِمْ
اور (حالانکہ)	وہ	کافر (تھے)	تو ہر گز قبول نہ کیا جائے گا	سے	ان میں سے کسی ایک

مر گئے، ان میں سے کوئی اگرچہ اپنی جان چھڑانے کے بدلے میں

مِّلْءُ الْاَرْضِ ذَهَبًا وَّلَوِ افْتَدٰى بِهٖ ؕ اُولٰٓئِكَ لَهُمْ

مِّلْءُ الْاَرْضِ	ذَهَبًا	وَّلَوِ افْتَدٰى	بِهٖ	اُولٰٓئِكَ	لَهُمْ
پوری زمین بھر	سونا	اگرچہ وہ فدیہ دے	اس کے ساتھ	یہ لوگ	ان کے لئے

پوری زمین کے برابر سونا بھی دے تو ہر گز اس سے قبول نہ کیا جائے گا۔ ان کے لئے

عَذَابٌ اَلِيْمٌ وَّمَا لَهُمْ مِّنْ نّٰصِرِيْنَ ﴿۹۱﴾ ع

عَذَابٌ	اَلِيْمٌ	وَّ	مَا	لَهُمْ	مِّنْ	نّٰصِرِيْنَ ﴿۹۱﴾
عذاب	دردناک	اور	نہیں (ہوگا)	ان کے لئے	سے	مددگاروں

دردناک عذاب ہے اور ان کا کوئی مددگار نہیں ہوگا ۝

عنوان حالتِ کفر میں مرنے والوں کی سزا

(1) ...... آیت میں فرمایا گیا کہ ”جو کفر کرے اور اس میں بڑھتا جائے اس کی توبہ ہر گز قبول نہ ہوگی“ اس کا یا تو یہ معنیٰ ہے کہ ان کی معافی نہیں کیونکہ یہ توبہ ہی نہیں کرتے یا یہ معنیٰ ہے کہ ان کی توبہ مقبول نہیں کیونکہ ان کی توبہ دل سے نہیں بلکہ منافقانہ ہوتی ہے، دل میں کفر بھرا ہوتا ہے اور زبان سے توبہ کر رہے ہوتے ہیں ایسی توبہ ہر گز قبول نہیں۔ البتہ جو توبہ دل سے کی جائے وہ ضرور مقبول ہے۔

www.ingramcontent.com/pod-product-compliance
Lightning Source LLC
LaVergne TN
LVHW070906051026
849558LV00046B/590
* 9 7 8 9 6 9 6 3 1 5 4 8 3 *